JN101959

私は
ネガティブなまま
幸せになる
ことにした。

大竹　稽
Kei Ohtake

三笠書房

はじめに

あなたは「ポジティブ」に疲れていませんか？

「ポジティブでいる」ことに疲れていませんか？

あるいは、「ポジティブでいなさい」というメッセージにうんざりしていませんか？

直接的でなくても、同じような圧力はたくさんあります。「迷ってはダメ」「くよくよしてはダメ」「スキルアップし続けないとダメ」「立ち止まったら負け」「一度でも失敗したら負け」「自立できないと恥」「わからないは恥」「判断が遅いことは恥」とか。

あるいは「夢は何ですか？」も、その一つですよね。夢がないとダメなんですか？

昨今、疲れてくたびれた心をした人に出会うことが多くなりました。その動きを敏感に察知して、マインドフルネスやウェルビーイングをうたう、いかがわしいサービスも増殖しています（すべてではありませんが）。そんなサービスが「ポ

1

ジティブになりなさい」「ポジティブになれます」を看板に
掲げていることもあります。でも、そもそも「ポジティブに
なれる」と思い込むことは、馬鹿げたことなんです。

　一切の不安から解放され、失敗も葛藤もなく、常に笑顔で
元気丸出しでいられることは、ないんです！　絶対ないんで
す！　「一切の不安から解放されてあなたは幸せになる」な
んて、天地がひっくり返っても無理。それを言い出すサービ
スがあったら、それは詐欺でしょう。

　私たち人間は、ダメと言われようが、負けても、恥でも、
ネガティブのままで幸せなのです。

「失敗」にこそ「生き方のコツ」がある

　ここで少し私の話をすると、私は20代で医学部を中退し、
予備校で数年勤めたのち、再度大学院に入学して哲学を研究
しました。医学の道を辞めて哲学に進んだのは、不安も憂い
も怒りも、愛も自由も、当然幸せも、メスによっては解明し
ないからでした。

　予備校講師時代、一方通行が嫌いな私は、授業中にたびた
び脱線していました。独学で学んだフランスの哲学や文学の
話をしていたり、さらに話が深まると生徒たちと人生の話を

したり。結果として、生徒たちの評判は上々、さらに不思議なことに、生徒たちも目に見える結果を残してくれました。

　勤め始めて数年後には、予備校に対してわがままが言えるようになり、私の仕事は小論文（という名を借りた人生相談）と、生徒や父母との進路相談（という名を借りた人生相談）になりました。友達や親との人間関係、進路や結婚についての話、「子を産むか産まざるか？」といった緊迫感のある話もしました。

「夢を持て」「安定した未来を」と強いる親の願いとも対決しました。

　人生相談での姿勢には、三本の柱がありました。

　1. 世間の正しさを信用しない
　2. 自分の正しさも信用しない
　3. ネガティブはダメでも負けでも恥でもない

　この人生相談が、私に哲学に没頭する勇気と猶予をくれました。そして、大学院を出てからも不思議な縁でめぐってくる多くの人生相談。そこでうかがい知るのは、「ネガティブはダメ」「ネガティブになったら負けで恥」なんて刷り込ま

れてしまった人たちが、たくさんいる事実でした。

　これらがきっかけとなり、本書の誕生となったのです。

　本書は、古今東西の哲学や物語をひもときながら、「ネガティブなまま幸せになる」ための考え方や生き方のコツをお伝えするものです。

　現代社会に生きづらさを感じている人にとって、「本当の幸せ」「本当の豊かさ」について考えるきっかけになることを願っています。

ネガティブを「なかったことにしない生き方」をしよう

　実は今、私はあなたとは別に、もう一人身近な人間に向かって話をしています。私の妻です。

　CA（キャビンアテンダント）をしている妻は、コミュニケーション上手で笑顔でまわりを魅了します。CAなんてクソほど体力を使う仕事も、同期たちがどんどん辞めていく中で続けています。私はそんな妻をリスペクトしていますが、何度かあったケンカを経て実感したことは、「わからない」「できない」を口に出せないという癖です。不安を口にすることもありません。そろそろ「わからない」に素直になってほし

い、なんて私は願っているのです。

　ネガティブを「なかったことにしない」生き方は、「ないふりをする」生き方よりも幸せであると断言します。安定や常識のために、「ふり」をして感覚と思考を遮断してしまうのでは、本末転倒。むしろ危険です。
「わかったふり」より「わからない」に素直に、「不安がないふり」より「不安」に素直に生きていきませんか？
「不安をなくす」なんて難しいことに挑むことはありません。不安もあるまま、あなたは幸せになれるのです。そして、自分に素直になることで幸せになったあなたを通して、きっとまわりも幸せになっていくでしょう。

　　　　　　　　　　　　　　　　　　　大竹　稽

第 1 章　　不安は消さなくていい

第 2 章　　本当の幸せって何だろう?

第3章　人間は揺らぎ、あいまいなもの

第4章　意味や目的から解き放たれよう

編集協力：堀田孝之

本文デザイン・イラスト：江口修平

校正：川平いつ子

出版プロデュース：中野健彦（ブックリンケージ）

第 1 章

不安は消さなくていい

人間は「ネガティブ」なのが自然な姿。

無理やり「ポジティブ」を
目指すから生きづらさを
感じてしまう。

人間はもともとネガティブ

「ポジティブ思考で人生が拓ける！」

　このようなポジティブを礼賛する言葉を、近年よく見聞きするようになりました。

　しかし、不安や迷いを解消しようと、自分を鼓舞するかのように「ポジティブになろう！」と意気込んでみても、人生はなぜか思いどおりにならない。

　むしろ無理してポジティブでいることに生きづらさを感じる。これが多くの人の本心ではないでしょうか。

　では、なぜポジティブであることに無理が生じてしまうのでしょう？

　その理由は、そもそも人間は「ネガティブであることがデフォルト（初期設定）」だからです。

　別の言い方をすると、人間にとって「ポジティブであることは不自然」だと言えます。

　例えば、この世には、長所しかない人なんているはずがありません。すべてのことを確実にこなせる人間などいません。常に幸福で、チャンスはどこにでも転がっていて、不安が一

切ない人などいるのでしょうか？

　ポジティブだけで生きるということは、「不自然な人間になる」ことを目指すようなもの。だから無理が生じて、息苦しさを感じてしまうのは当たり前のことなのです。

哲学者たちもネガティブを支持した

　私が頼りにしている哲学者たちも、「ネガティブ」が生きるうえで大切であることを、言葉を尽くして説いています。

　三大幸福論の著者の一人、バートランド・ラッセルは、『幸福論』でこんなアドバイスをしています。

　　あきらめにも、幸福になるための役割がある。努力が果たす役割と同様に欠かせないものだ。

　あきらめること（ネガティブな状態）は、生きるうえで見落とすべきものではないというわけです。

　また、西洋哲学史に大きな影響を与えた哲学者ニーチェは、『悦ばしき知識』で次のように私たちを激励しています。

　　我々は病気なしで済ませるものかどうか問いたい。あの

　長くてのろのろした苦痛こそが、否応なく我々を深めることを私は知っている。我々は、絶えず我々の思想を、我々の苦痛から生み出さなければならないのだ。

　苦痛（ネガティブな状態）があるからこそ、私たちは自分を深めて、新しいものを生み出せるとしているのです。
　さらに、私が私淑するフランスの哲人モンテーニュは、『エセー』にこう記しています。

　　人間たちについて考えるとき、他のどのことよりも不変ということは信じられない。そして、不安定ということほど信じられることはない。

　人間は不安定（ネガティブな状態）が通常であり、完璧で不変（ポジティブな状態）ではないと説いているのです。
　哲人たちの言葉は、流行に左右される表面的なものでなく、数百年にわたって世界中で読み継がれてきたものです。英知と誠実さに満ちた「人生の道理」だと言えます。
「絶対あきらめない」こと以上に、「あきらめる」ことの大切さに気づけたとき、あなたはあなたらしい幸せを手にすることができるでしょう。

2

迷っていい、ブレていい、
流されていい。

ＡＩのような
「究極のポジティブ」を
追い求めるのはもうやめよう。

ＡＩが新たな不安を生み出した

「ＡＩにいずれ仕事を奪われてしまうかもしれない」なんて不安を耳にするようになりました。

　人工知能を使った配達や運転により、配達員や運転手の仕事はなくなるでしょう。「管理」職なんて不要になります。士業といえば、これまでは「安泰」に分類される仕事でしたが、これからはそんな甘えは通用しなくなります。

　こんな時代に生きる私たちは、ＡＩが「人間」を揺るがす存在であることを知っています。

　ＡＩによって新しく誕生した不安は、仕事レベルにとどまらず、人間存在に関わる不安になっています。

　実は17世紀にも科学の大規模な変革が起こりました。「17世紀科学革命」と呼びならわされます。

　そんな時代背景の中で、近代哲学の祖と呼ばれるデカルトには、「あの人はロボットじゃないか？　服の下にロボットが隠れているかも？」なんて考える癖があったそうです。

ＡＩは究極的にポジティブな存在

「人間ってどんな存在なのか？」

　デカルトはこの答えを「機械」から解明しようとしましたが、「ネガティブであること」は、この問いへの答えの一つになるでしょう。

　ＡＩは決して迷いません。疲れもしません。ブレませんし、流されません。入口から出口まで脇目もふらず一直線。

　人間は、同じ入口を同時に入っても、出口からの時間はバラバラです。なんなら、出てこなくなるかもしれません。用意された出口ではないところに、出口を作ってしまう人もいるでしょう。

　ＡＩは、決してブレることなく、迷いもなく、最速最短で最大の効果を出すことができます。究極的にポジティブな存在です。しかし、私たちはＡＩではなく人間です。迷いもするし、道草をしてしまうし、途中で立ち止まってしまいます。

「どうしようもない」から人間らしい

　生産性やコストパフォーマンスを重視するのなら、「人間

ではなくＡＩにまかせる」選択がベストになるでしょう。では、ＡＩに一切を委ねてしまったほうがよいのでしょうか？

　しかし、こうなると今度は、ＡＩにはどうしてもできないことが出てくるのです。芸術などの創造活動がこの代表です。

　計算ずくよりも、偶然のめぐり合わせにときめく人も多いでしょう。恋愛なんて、究極に面倒くさいことです。

　でも、時間がかかるとわかっていても、あえて面倒を選ぶ人も増えています。田舎暮らしなど好例です。栄養的に問題ないとされても、サプリメントじゃ心は満足しないでしょう。医者が警告していてもどうしても食べたくなるもの、ありませんか？

　合理よりも非合理を選ぶ。無意味や非効率や不便を、どうしても選んでしまう。そんな「どうしようもなさ」から人間の創造が生まれます。ブレない、迷わない、といったポジティブ思考は、やはり人間らしくないのです。

3

不安や迷いを解消する
「正しい答え」などない。

悩み抜いて
乗り越えた先に、
本当の自由が見つかる。

不安から「正しい答え」にすがりつくのは危険

　大きな不安を抱えている人間への最も危険な処方は、「正しい答え」です。「正しい答え」を無闇に与えてしまうと、一瞬、光は見えますが、長い目で見ればハイリスク。

　迷いから早く抜け出したいばかりに「正しい答え」にすがることで、自分で考え自分で歩く力が奪われてしまうのです。

　不安は隠すものではありません。ちゃんと認めて乗り越えていくものです。そしてその先に、私たちは自由を見出すのです。

　この道理がよくわかる、ラ・フォンテーヌというフランスの詩人が書いた寓話があります。それが『粉ひきと息子とロバ』です。

　　ある粉ひきと息子、一人は年寄り、一人は15才の少年、二人で市場にロバを売りに出かけた。なるべく活きがよいように、また高く売れるように、脚をくくって棒の真ん中にロバを釣り下げた。
　　真っ先にこれを見た人は、どっと吹き出して、
　　「なんという茶番だ！　腹がよじれる！」

粉ひきは無知に気づき、ロバを下ろし、息子をロバに乗せて歩かせる。そこへたまたま通りかかった三人の商人、特に年かさの男が、少年に向かって声を張り上げた。

「下りなさい！　若い男が白髪の年寄りをこき使って！」

　少年は地面に下りて、今度は老人がロバに乗る。やがてきたのは三人の娘。

「まあ恥ずかしい。あんな若い子が足を引きずって歩いているよ。それに引き換え、あのおバカさん、司教様気取りね」

　やることなすこと、さんざん悪口を叩かれたじいさん、「これでどうだ」とばかりに息子もロバに乗せていく。はたして、30歩も行かないところで出会った人々が、

「どうかしてるよ、ロバがくたばるぞ！　さだめし市場でロバの皮でも売るつもりだろう」

「くそったれ！」と粉ひきじいさん。「だがあと一つある！」

　二人ともロバから下りて歩き始める。

　するとロバが意気揚々と二人をおいて先へ行く。どこからか来た一人の男、「情けない。ロバが気ままに歩き、粉ひきが不自由するとは、世も末だ」

「もうたくさんだ！」と粉ひきじいさん。

「わしはバカだ。ああバカだとも。わしは認める！　しか

しこれからは叱られようが褒められようが、わしの好きな
ようにやる」

　粉ひきじいさんは、どの批判も受け容れました。よほど、
自分の答えに自信がなかったのでしょう。そして毎度、「よ
うやく正解が見つかった」と安心していたことでしょう。と
ころがどっこい、そのどれもが不完全。

　最終的に、彼は「自分の好きなようにやる」しかできない
ことに気づきました。ここまできてようやく、粉ひきじいさ
んは自由になれたのです。

　ポジティブ人間は、最初の答えですでにつまずいていたで
しょう。他の人の意見に耳も貸さずに、失笑を買いながらロ
バを吊るし続けたことでしょう。

　粉ひきじいさんは、ネガティブのかたまりでした。だから
不安になり、そのつどスタイルを変えました。

　でも、それがいいんです。

　この苦難があってようやく、彼は自由になれたのですから。

4

自由を「なんでもできる」
と捉えるのは慢心。

自分のネガティブさを
受け容れて、
それを土台にする人が
本物の自由を手にする。

本当の自由には「ネガティブ」が必要

　日本昔話を題材に、ネガティブについて考えを深めてみましょう。

　多くの日本昔話で、特にこどもたちに親しまれている話は、ハッピーエンドを迎えます。『花咲か爺さん』『わらしべ長者』『分福茶釜』『笠地蔵』などがそうですね。

　しかし、それには条件があります。「ネガティブを受け容れ、ネガティブを土台にする」ことです。「貧しさ」「才能のなさ」「運のなさ」などが物語のベースになります。さまざまなネガティブが想定される中、身体的なハンディキャップを背負っているのが『一寸法師』です。

『一寸法師』のストーリーは割愛しますが、注目してほしいのが打ち出の小槌です。打ち出の小槌は「願いごとをなんでもかなえる」道具で、鬼が持っていました。

　ここで疑問なのが、なぜ鬼は小槌を自分で使わなかったのでしょう？

「美少女をさらう」なんて悪事をしなくても、小槌を振れば、あっという間に望む暮らしができたはずです。

「なんでもできる」――「自由」をこんな意味合いで理解し

ている人がいます。「信号も踏切も関係ない。自由に道路を歩く」なんて考えも、「自由」と言えるかもしれません。もちろん、道徳は私たちにそれを禁じさせますが、「ルールだから」は理由としては表面的です。

そもそも自由には、ネガティブな面があることを忘れてはなりません。「ポジティブ」を自由の基礎に据えてしまうから、おかしな自由論が出てきてしまうのです。私たち人間本来の姿は、「知られない・見られない・わからない・できない」のほうにあるのです。

しかし、科学が発展するにつれて、望めばなんでも「知られる・見られる・わかる・できる」なんて慢心が蔓延してきたようです。それにつれて自由も混乱してしまいました。

一寸法師のサイズでは、「できない」ことばかり。でも、だからこそ、彼は本物の自由を手に入れたのです。

一方の鬼は、そのサイズとパワーをもってすれば、望めばなんでもできたでしょう。しかし、鬼の「自由」は大変危険です。そもそも、そんな鬼には打ち出の小槌も不要だったかもしれません。打ち出の小槌を扱えるのは、なんでもできる自由ではなく、ネガティブを抱えた自由を体得した者に限られるのでしょうね。

自由は他者との絆の中で成立する

　どの自由にも、誰の自由にも、「ネガティブ」があります。この前提があってようやく、「私は自由であり、あなたも自由である」が成り立ちます。「オレだけ自由」なんて、惨めで無残です。

　さて、自由のこの道理が『一寸法師』のラストに垣間見られます。

　打ち出の小槌を振ったのは、一寸法師本人ではありません。春姫でした。ここが大事です。一寸法師は春姫に、「私は立派な侍になりたいです」とお願いします。

「立派な侍」って、どんな人でしょう？　百人いれば、百の異なる答えが出そうです。一寸法師は、自分が望む姿ではなく、春姫さまがイメージした「立派な侍」にまかせたのです。

　自由は常に、「私の自由はあなたの自由」という縛りの中で成立します。これは絆とも言い換えられます。こうして自由は、必ず「私たちの自由」へと昇華されるのです。

5

先の見えない暗い道では、
不安こそが頼りになる。

大切なことは、
あなた自身で道を見つけて、
自分のペースで
歩んでいくこと。

ポジティブメッセージの罠

「あなたの人生はあなただけのもの」

「あなたは自由です」

　どちらも、とてもポジティブなメッセージですね。私もしばしば、このフレーズを使います。

　ただそのためには、あなたの不安や迷いをちゃんと認めなければなりません。ネガティブを「なかったこと」にしてはいけません。不自由なくして、自由などないのです。

　そのうえで、あなた自身で道を探り出し、あなたの足で歩いていかなければなりません。近視だろうが老眼だろうが、50メートル走で10秒以上かかろうが、あなたのペースで進めばいいのです。ゴールタイムなど関係ありません。

　しかし私たちは、次のようなメッセージにたびたび出くわしてしまいます。

「私たちについてくれば、絶対安心です」

「私たちと一緒にいれば、不安はすべて解消します」

　一見心強いメッセージですが、もしこのような発言を宗教者がしたらどうでしょう？

「あなたの苦境を救う答えがあります。ここの教えこそ、あなたが求めていた答えです」と。

　これは危険思想の常套句です。危険思想は二つの答えを用意してきます。

　まずは、「救いとなる答え」。窮地から抜け出したいと願う人たちは「答え」にすがります。

　もう一つが、「苦しみの原因」です。苦難からの脱出には、苦しみの原因究明が欠かせないからです。

あなたはいつまでも、あなた

　暗い道を歩かなければならないとき、「この先に何があるのだろう？」と誰もが考えてしまうでしょう。もしわからなければ、不安になります。

　この不安を解消するために、危険思想は「因果」と「出口」を用意します。「ここに岩場がある」「あそこに穴がある」「出口は向こうにある」とわかれば、安心して歩けますよね。

　これは脳の機能であって、性格とか生い立ちとかは、まったく関係ありません。この機能を悪用しているのが危険思想です。

　「どうして自分は不幸なのか？」「この苦難にはどんな意味

があるのか？」という問いに対して、危険思想は答えを用意
しています。

　人間のネガティブ性を隠したポジティブ思考も、危険思想
と言えるでしょう。ネガティブを排することは、反省や批判
の機会を与えないことになるからです。

　たとえ、99 人の人がある方法で苦境を切り抜け、不安を
乗り越えたとしても、それはあなたのやり方ではありません。
あなたの自由と人生は、絶対に 99 人と同じになることはな
いのです。天地がひっくり返っても、その他大勢にはなれな
いのです。あなたはいつまでも、あなたでしかないのです。

　繰り返しますが、大切なことは、あなた自身で歩くことで
す。先の見えない暗い道ならなおさら、あなたのペースを守
りましょう。そんな道では不安が頼りになるでしょう。不安
があるから、致命傷を避けられるのです。

6

不安や苦難につけこむ
甘い誘惑に注意しよう。

ポジティブ・シンキングに
侵された人は
カルトにハマりやすい。

絶対的な「幸せメソッド」にはご用心

「あなたは今、幸せですか？」

　このように聞かれたら、どう答えますか？　ＹＥＳ・ＮＯで答えている限り、幸せではないはずです。本当に幸せな人たちは、そんなことを気にしたことすらないからです。

　どちらにしても、この質問者は「あなたは幸せではない」と言いくるめるのが目的でしょう。こうしてビジネスが始まります。そして、「あなたを幸せにする商品があります」と解決策を提供するわけです。

　これはビジネスの定番。ビジネスの領域では、常に「幸せメソッド」は複数の選択肢の中の一つでしかありません。他の選択肢を選ぶのもよし、どの選択肢も選ばないのもよし。

　しかし、「答えはここにしかない！」と刷り込んでいる人たちがいます。ご存じ、カルトです。

　そもそも、カルトとはどのようなものでしょう？

　その特徴として、「マインドコントロール」「思考や情報のコントロール」「他教団の敵視」「教団への絶対服従」、そして「批判的思考の禁止」などが挙げられるでしょう。

　哲学的には、「批判的思考の禁止」はまさに息の根を止め

る所業。

「これは間違っていないか？」は、人間的で健やかな思考の証なのです。けれども、このように問いただされることは、カルト的教義には極めて不都合なようです。カルトの教えは唯一絶対である、と信じ込ませなければならないからです。

「あなたが求めていた幸せがここにある」。これがカルトの常套句。そして「あなたは今、不幸です」が、カルトの必殺技です。

「絶対的な答え」という究極のポジティブがあるからこそ、窮地や八方塞がりから抜け出したいと請い願う人たちが、「不安や苦難から解放される」と吸い寄せられてしまうのです。

ネガティブを忌避するとカルトにハマる

カルトは、「私たちに従えばすべての不安はなくなります」などと誘い込んできます。

「どうしてこんなに不幸が続くのか？」「どうして失敗ばかりなのか？」「どうして結果が出ないのか？」「どうしてこんなに貧しいのか？」と悩む人たちに、「幸せになるための答え」を用意しているのです。悩みにはまり込んでいれば、それだけ答えに依存してしまいます。

　そして最終的には、反省することも、自分の頭で考えることも、自分の足で歩くこともできなくなってしまうのです。

　また、対策するにしても、「なぜカルトにハマるのか？」と、対岸の火事のように扱っていては、本来の問題へと肉迫できません。けれども、メディアでの識者たちの発言の多くにも、「私は決してハマらない」という自信が見え隠れします。どうやら彼らもポジティブ・シンキングに侵されているようです。足元をすくわれないよう祈るばかりです。

　ネガティブを忌避する限り、誰にでもカルト的な教えに誘引されてしまう危険があるのです。ですから、「あなたは不幸な人間です」なんてメッセージは、とりあえず無視。「幸せなんて問題にならない」と胸を張って返しましょう。

7

「わからない」ことに
素直になろう。

わからないときは、
わからないまま
放っておけばいい。

想定外の事態に「わかっているふり」は危険

コロナ禍の最中、私たちはさまざまな不安に取り憑かれました。

パンデミックのとき私に耐え難かったのが、国や企業の「わかっているふり」の姿勢です。今でも不快になります。「わかりません」と言えない事情もあるのでしょう。想定外の事態に、さらなる想定外を持ち込むことは、「一層の混乱を招き、収束を遠のかせる」という意見が大勢でもあるのでしょう。

それでもあえて言います。権威側の「わかっているふり」はとても危険です。権威側の答えは、自ら考えて答えを出すことを厭う人たちにとっては「ラク」なのです。その人たちも、「ふり」を感じても、あえて気づかないふりをして衝動的に動きます。その心理こそ群集心理です。

コロナ禍をきっかけにして再注目されたカミュの『ペスト』でも、この「わかる・わからない問題」が出てきます。以下は、ペストが猛威をふるい出したタイミングで行われた、パヌルー神父による説教のシーンです。

「皆さん、あなたがたは災いのなかにいます。皆さん、そ

れは当然の報いなのであります」と、一語一語、句切るようにして、痛烈な一句をまず会衆にあびせたとき、一種のざわめきが前庭の方まで会衆の間を走った。

　パヌルー神父は「当然の報い」という答えに自信を持っています。災禍の原因がわかっていたのです。どのようにこの災禍に応じるかも、わかっていたのです。「ひざまずこう」、これが答えでした。

　しかし、小説の主人公リウーと対決することで、パヌルー神父は「わからない」ことに気づかされ、苦悶し、そして言葉ではなく行動によって答えを出そうとします（その前に亡くなってしまいましたが）。

　アルベール・カミュがこの小説を発表したのが 1947 年ですから、あれから 80 年近く経って、この問題は、いっそう撹乱させられているように思います。現在は、「わからない」と発言することがタブーとされているようです。

「わからない」自分のままでいい

　確かに、「わからない」は不安を生みます。しかし、刷り込まれた「わかる」は、いつかきっと暴発してしまいます。

あなた自身の答えとして、あなたの心身の底から「わかった！」が湧き上がってくるまで、わかったふりをしてはいけません。「わからない」に素直になりましょう。すぐに答えを出そうとせず、わからないまま、とりあえず脇に置いておけばいいのです。

　哲学では、「わかる」より「わからない」を重んじます。どれほどの権威者が、「わかっている」と断言しても、それがたとえ神であっても、「本当に？」と考えます。そして「わからない」を発見していきます。

　学校でも仕事でも、私たちに要求されるのは「わかる」です。しかし、わかるほうが稀、わからないほうが自然なのです。健全なのです。「わからなければ恥」に屈服して、自己を偽ってはいけません。

　講義などで「わからない人いますか」と聞かれたときは、恥ずかしがらずに堂々と手を挙げましょう。そんなあなたの姿勢に救われる人、多いと思いますよ。

8

ちゃんと悩んで、
ちゃんと迷う。

葛藤し続けることで、
折れない心が育つ。

明確な答えより葛藤保持力

　心理学者の河合隼雄先生にも、『河合隼雄の幸福論』という著書があります。

　河合先生はそこで、「人生に悩みや迷いがあるのが問題なのではなくて、問題があるのに、ちゃんと悩んだり迷ったりしないことが問題だ」と提起しています。そして、悩みや迷いを持ちこたえる力を「葛藤保持力」と名づけ、その力の重要性を私たちに伝え続けました。

　講演でも、葛藤保持力について、「子育てを本気でやってたら、いろいろ問題が起きてくるし、悩んだり迷ったりすることはよくあると思います。子育てなんかでも、『ダメッ』と止めたらいいのか、もう少し見てたほうがいいのか、葛藤そのものだからねえ。子育てはすっごいエネルギーのいる仕事です。いろいろな葛藤を持ちながらぐっと耐えてそれを持ち続けるのがおとな。これがぼくの定義なんですよ」とおっしゃっています。

　一方で教育の現場は、「明確な答えがある問題をできるだけ速く解くことで成績上位になる」という環境がスタンダードです。こどもはそれが勉強だと思っているし、教師も明確

43

な答えを最速最短で導き出すテクニックを伝えることに励んでいます。

　そのような環境で育つから、大人になってからも葛藤に耐えられない、葛藤保持力のない人が増えてしまうのです。

ちゃんと悩んで、ちゃんと迷おう

「答えが出ない状態」とは、いわばグレーの状態です。

　しかし、社会は「白黒つける」ことを求めます。白黒ついていない状態は、どうにも社会にとって都合が悪い。だから「速く答えを出せ」と求めてきます。そして、「速く答えを出した」人に「勝ち」の評価がつき、有能な人間として給料や立場が上がっていくわけです。

　そんな社会の要請を受けて、書店には「すぐに問題を解決する」「すぐに結果を出す」といった「ファスト」なニーズに応えるハウツー本が並んでいます。ファストフードのように簡単に手に入れられる教養、「ファスト教養」なるものも登場しました。

　しかし、ファスト偏重は、私たちに備わった力をますます劣化させていきます。葛藤に耐えられずに折れてしまう人が多くなっていることが、そのことを物語っています。

「速く」「答えを出す」ことよりも大事なことは、「答えが出ない状態のままでいられるか」です。自分や他人に「できない」ことがあるからといって、すぐにダメだと決めつけてはなりません。無気力になってはいけません。そこから「どうしよう？」が始まるのです。

そうすれば、自分に劣等感を持つこともありません。「できない」は確かに一つの事実ですが、ただ事実だけで、大事なのはそこから先の自分の行動です。それによって意味が生まれ、意味が変わっていくのです。

葛藤状態は異常事態というわけではなく、むしろ葛藤状態こそ自然なのです。問題があるのに、ちゃんと悩んだり迷ったりしないことが問題なのです。

9

自分自身の「肌感覚」に
素直になろう。

人生は、頭で思い描いた
とおりにはならない。

頭は私たちを裏切り、見失わせる

　人生を渡河（とか）にたとえてみましょう。

　あなたは、幅の広い川を歩いて渡らなければなりません。川の底は見えませんし、ところどころ水しぶきも立っています。急な流れもありそうです。川岸にいる限り、不安ばかりがどんどん募ってきてしまいます。「私たちは頭がよすぎる！」なんて警告を発したのが、世界三大『幸福論』を書いた一人、アランです。「頭がよすぎる」というのは、私たちの頭がネガティブな要素を無限に見つけてくることを指しています。

　今回の例では、川自体がネガティブなわけではありません。脳が、不安や恐怖を際限なく川から見つけてきてしまうのです。

　ポジティブ思考の論者は、「まずは川に飛び込んでみよう！きっと道は切り拓ける！」と鞭打つでしょう。確かに、その言説は一理あります。川辺にとどまる限り、不安はますます大きくなり、頭の中の川は、まるでモンスターのようになってしまうからです。

　足が震えて手に負えなくなる前に、まずは一歩、踏み出し

てみる。しかし踏み出した以上、この川を渡らなければなりません。一体、どのように渡ればよいのでしょう?　インターネットで「川の渡り方」を検索して、オススメのメソッドに頼りましょうか?　教科書に書いてあるように進んでみますか?　あるいは、ポジティブな人のあとについていきましょうか?

　どれも「オススメ」にはなりえるでしょう。しかし、そのどれもが危険をはらんでいます。渡河の最中、あなたは転んでしまうかもしれません。流されてしまうかもしれません。そして、誰も責任を取ってくれないのです。

　ここで本当に危険なのは、「この人についていけば安心」「このやり方が絶対」という思い込みです。頭は絶対・安心というポジティブを希求します。しかし、そんな頭が私たちを裏切ります。自分を見失わせてしまうのです。

不安に素直になるとは、
肌感覚に素直になること

　頼りになるのは、あなた自身の感覚です。足の裏の感覚や、水や空気に触れる肌感覚、流れの変化への感覚など。これらが安全無事を保証してくれるのです。

　そして、この感覚は「不安」として私たちに伝わります。「流れが変わった！」「風が強くなった！」「すべりそう！」

　頭はごまかしたり、嘘をついたり、信じ込ませようとします。しかし身体は正直です。ちゃんと不安を感じられるはず。不安に素直になるということは、身体に素直になることです。そして身体に素直になることは、すなわち、渡河を安全無事にクリアするための奥義でもあるのです。

　人生は、頭で思い描いたようにはなりません。そんなとき、私たちの頭は、それを「失敗」と判断してしまいます。

　ところが、ポジティブには「失敗」は許されません。「どうして？」「なぜ？」と理由を探すでしょう。理由が見つかれば幸い、しかし理由など見つからないほどにアクシデントが続くこともあります。

　そうすると、「わからない！」ことにますます腹が立ってイライラしてしまうでしょう。「わからない」ことはポジティブ思考にはタブーだからです。

　しかし、身体にとっては、失敗も成功もありません。たとえ渡河を途中であきらめて引き返したとしても、途中まで渡って引き返したという事実があるだけ。唯一失敗があるとしたら、大怪我をしてしまうことでしょう。それは、不安を無視してしまうから起こるのです。

10

失敗や間違いを避ける
ことが安定ではない。

どれだけ不安定でも、
転んでも、倒れても、
立ち上がれるのが
真の安定。

安定した道を選んでも困難はやってくる

　近年、世の中の安定志向が高まっているように感じます。大学生の就活では、公務員の人気が高いですし、婚活においても、公務員と結婚したい女性が多いそうです。

　若者たちは、自由だがリスキーな道よりも、「問題が起こらない」道を選ぶようになりました。それは、舗装されてあらかじめ障害が取り除かれている道です。しかし、その道は、彼でなくても「誰でも」歩ける道なのです。自主性とか主体性とか創造力とかが、これだけ叫ばれているにもかかわらず、そんなものなどまったくない自動機械でも歩ける道です。

　人間の心理と社会の関係について考察をした哲学者エーリッヒ・フロムは、その主著である『自由からの逃走』に、こんな一文を書いています。

　　近代社会において個人が自動機械になってしまった。それによって、人々の無力と不安を増大した。そして人々は、安定を与え、疑いから救ってくれるような新しい権威にたやすく支配されようとしている。

奇妙なことに、未来への道に安定を求める一方で、私たち人間は、安定していることによって、「このままでいいのだろうか」と自らの無力と不安を実感するようです。そしてさらに安定を求めてしまうのですが、これが悪循環であることはフロムが見抜いています。

　過去のあらゆるデータを駆使して未来予測したところで、それはあくまで「これまでそうであった」だけです。これまで安全だったとはいえ、これからもそうであるとは限りません。ＡＩが予測する安定した道を選んでいても、困難はやってきてしまうのです。そんなとき、ＡＩに当たり散らしても困難は解決しません。

「失敗」を避けることが大怪我の原因に

　さらにフロムは『生きるということ』という著作で、偽りの安定へと誘われがちな私たちを、このように叱咤しています。

　私たちは未知のもの、不確かなものの中へ足を踏み入れることを恐れ、その結果、それを避ける。というのは、実際その一歩はそれを踏み出した後では危険に見えないかも

しれないが、それを踏み出す前には、その向こうに見える新しい局面はたいそう危険に、ひいては恐ろしいものに見えるからである。すべての新しい一歩は失敗の危険をはらんでいて、それこそ人々がこれほど自由を恐れる理由の一つである。

　誰もが未知を恐れます。しかし恐れるから、私たちは自動機械ではなく人間でいられるのです。恐怖を隠した知ったかぶりは、大怪我のもとです。「これまで安定していた」という理由で行く先を選ぶことは、むしろ危険です。

　どれだけ不安定でも、転んでも倒れても「だいじょうぶ！また歩ける！」。これが真の安定です。舗装された道しか歩いていない人は、ちっぽけな障害によって転倒してしまうでしょう。そして、ヘタに転んでしまうでしょう。ささいな間違いが大ごとになってしまうのです。「間違い」を避けて大怪我をしてしまっては、残念無念です。しかし、これが道理、これが偽りの安定の代償です。

　一方で、身のほどに失敗や間違いを経験し、困難への応じ方を心得ている人は、うまく転ぶことができるのです。そして、転んでもまた起き上がれるのです。

11

AIが用意した選択肢を
選ぶだけの人生なんて
つまらない。

「未来は不規則で
不確実である」と腹をくくろう。

「未来」を可視化して楽しいのか？

　　ある日、星占いが不覚にも井戸の底に落ちてしまった。
　ある人が来て言った。
　「なんと哀れなことか。自分の足元さえ見えないくせに、
　頭上の高いところが見えるつもりでいるなんて」

　これはラ・フォンテーヌの寓話『井戸に落ちた星占い』です。本体はこれだけ。とても簡潔で、とても短い話です。これに作者による当時の世相の考察（大批判）が加わります。
　こんな短い寓話が、実は子育てのテキストとして紀元前から綿々と受け継がれてきたのです。当国のフランスのこどもたちは、この寓話を題材にして「運命」や「自由」や「決定」についてにぎやかに話し合うそうです。
　さて、みなさんは井戸に落ちた星占いの愚行を「バカだねぇ」と一笑に伏すことができますか。
　現代にはＡＩという、超人的な演算能力と情報分析力を誇る知能が生まれました。それにより、「未来」を可視化させようとする欲求が、さらに強く現れています。
　しかし、本当にそれで楽しいでしょうか？　いつどこで何

が起こるか、すべてシミュレーションされている。私たちは、ＡＩが用意した選択肢から選ぶだけ。そして、ＡＩによって「正答か誤答か」が判定される。まるで学校のテストを受けているようで、なんだかモヤモヤしてしまいます。選択肢にならない道にこそ、自由と主体性があるはずです。

不安を感じる肌感覚を見直そう

「未来」という単語自体は、日本ではずいぶん昔からあったようです。『平家物語』には、一種の伝説となっている聖徳太子による『未来記』の記述があります。

　　平家は落ちぬれど、源氏はいまだ入かはらず。既に此京はぬしなき里にぞなりにける。開闢よりこのかた、かかる事あるべしともおぼえず。聖徳太子の未来記にも、けふの事こそゆかしけれ。

　京都から逃げ落ちた平家一門。源氏はまだ訪れず、京都は主を失ってしまいました。こんなことは、それまでの日本史ではありえないことでした。「こんな大事件を、聖徳太子は『未来記』で予言していたのだろうか？　知りたいことだ」、

と作者は嘆息しています。

「予言書」が注目されるのは、平和で安定した世界を描くからではありません。天変地異や歴史的な大事件が描かれるから、人々は予言を畏れるのです。

　これもまた人間の本性なのでしょう。不規則で不確実な動きに規則性と確実性を見つけられれば、不安や迷いから逃れられる、と思い込んでしまうのです。しかし、それは空を見上げながら歩くようなもの。その結末は、井戸に落ちた星占いが教えてくれます。

「未来は不規則で不確実である」と腹をくくってしまいましょう。そうすれば、私たちは自分の足元に意識を向けられるはず。

　大切なのは、やはり自分自身の肌感覚です。未来を後世へと繋げていくためには、誰にも備わっている不安を感じる肌感覚を見直さなければなりません。科学の計算に頼りすぎていたら、この肌感覚は失われていくでしょう。そうなってしまったら、私たち人間はＡＩに使役される存在になってしまいます。

　ざわざわ、ぞわぞわ、むずむず、どきどき。明確な言葉になる以前の感覚。それこそが未来へ繋がる、唯一無二の「確実な信頼」になるのです。

12

世間にあふれる
「成功法則」は
救いの光ではない。

無常の道理が腑に落ちたとき、
あなたは自分自身が
光であることに気づき、
闇の中を歩んでいくことができる。

成功法則はポジティブ思考のトラップ

「一寸先は闇」——とてもネガティブなメッセージです。ポジティブ思考にとっては、天敵にもなる警句です。しかし、この慣用句の本来の役割は「戒め」。勢いにまかせてブームに乗っているときに、「そんなに突っ走っていると危ないですよ」と教え諭しているのです。

　インターネットで「ビジネスで成功」といったキーワードで検索しますと、成功法則のようなものがぞろぞろと出てきます。しかし、この法則なるものが曲者です。確かにその法則が通用した時期もジャンルもあったでしょう。でもそれは物理法則とはほど遠く、「たまたまそうだった」というだけです。

　この成功法則こそ、ポジティブ思考のトラップです。彼らは「ネガティブはダメだ」と思い込ませることで、私たちが自分で歩く力を奪っていきます。そして、コントロールしやすい人間に仕立てていくのです。このカラクリは絶妙です。「ポジティブでいよう！」なんて言い放ちながら、翼をもいで、いつまでも巣立てないようにしてしまうのです。その人にとっては、「一寸先は闇」どころではありません。「これま

でもこれからもずっと闇」になってしまいます。

　闇の中で私たちは光を求めるでしょう。懐中電灯のような明かりでもいいですし、ろうそくの明かりでもずいぶん助けられるでしょう。しかし、「成功法則」は、私たちを救う光にはなりません。それはむしろ、私たちをドツボにハマらせる偽りの光です。

自分という光は決して消えない

　では、闇の中のどこに光があるのでしょう？　どこの光を頼りにして歩けばいいのでしょう？

　実は、私たち自身という「生身の存在」が「光」になるのです。仏教には、「自灯明・法灯明」という教えがあります。字のとおり、「自らを灯明とせよ。法を灯明とせよ」という意味です。

　闇の中で灯る唯一無二の光は、他の誰でもなく、私たち自身なのです。多数派や権威は、うっかりすると光に見えてしまいますが、これもまた落とし穴の一つです。どれほど多くの人が信奉している権威であっても、それが自分に代わってくれるはずはありません。生まれてから死ぬまで、誰も私たちに代わる存在はありません。これが「自灯明」です。

「無常」というネガティブな教えが人を救う

　さて、もう一つの「法灯明」ですが、こちらこそ仏教の真髄と言えるでしょう。仏教には三相という教えの根本がありますが、その一つが「無常」です。ご存じ、『平家物語』の有名な冒頭に「無常」が表現されています。

　　祇園精舎の鐘の声、諸行無常の響きあり。娑羅双樹の花の色、盛者必衰の理をあらはす。おごれる人も久しからず、ただ春の夜の夢のごとし。猛き者もつひには滅びぬ、ひとへに風の前の塵に同じ。

「すべてのものは移ろい変化する。花は必ず枯れるように、栄枯盛衰は世の道理である。人生なんてものは、春の夜に見る夢、風が吹く前の塵のようなものだ」。
　なんてネガティブな教えでしょう。「一寸先は闇」など幼稚に感じられます。しかし、このネガティブ極まりない道理を見て見ぬふりをすることが、仏教では妄想となります。そして、この妄想が要らぬ苦しみを生み続けるのです。
　これが仏教でいう「法」です。成功法則とはまるで別次元

の摂理です。

　しかし、この法を灯明とすることで「苦しみは消える」と仏教は説きます。病気をしなくなるというようなミラクルが起こるのではなく、「苦しみを進んで生み出さなくなる」ということでしょう。

「ひとへに風の前の塵に同じ」という無常の道理が、「そんなもんだ」と腑に落ちるとき、あなたは自分自身が光であることを悟るでしょう。その光は決して消えません。あなたの人生をずっと灯し続ける光になるのです。

第 2 章

本当の幸せって
何だろう?

13

幸せを意識しない
ときこそ、人は幸せ。

幸せだと感じているときは、
心のどこかに「不幸」が
残っている。

「それを意識する限り、そうならない」落とし穴

　紀元前から人間にとって最大のテーマであり、そしてここまで科学技術が進んでもなおずっと問題になっているテーマがあります。

　それは「幸せ」です。

　ところが幸せを考えるうえで、私たちの思考にはこんな落とし穴が潜んでいます。

「それを意識する限り、そうならない」という落とし穴です。

　わかりやすいように、「それ」に該当するものをいくつか考えてみましょう。

　例えば「快適さ」。快適といってもいろいろありますが、ひとまず「暑くない・寒くない」としておきましょう。

　猛暑の真っ昼間、あなたは外出先からエアコンが効いている部屋に戻ってきました。

「あー涼しい」と、思わずそんな声が漏れてしまうでしょう。しかし、まだ快適ではありません。外出時の汗が肌を伝わります。身体の火照りが持続していて、日差しに焼けた肌に痛みを感じているかもしれません。きっと、喉も渇いているこ

とでしょう。

　水を飲みましょう、シャワーを浴びてさっぱりしましょう。そうこうするうちに、そんな不快さが、一つずつ、着実に解消されていきます。

　では、いつあなたは「快適さ」を確認できるでしょう？

「ようやく、今、私は快適な気持ちになっている」なんて発言、耳にしたことありますか？

「いつ快適になったのか？」と聞かれても、「いつの間にか」としか答えられないのではないでしょうか。

「涼しい」と口から漏れている間は暑さが残っているのです。

「飢え・渇き」を口にしている状態では、まだまだ不快を感じているのです。

　つまり、「快適さ」は、暑さも火照りも飢えも「問題にならなくなった」状態なのです。問題にならないということは、意識もしていないということ。

　つまり、快適な状態にいるとき、私たちは快適であることすら忘れているのです。「おや？　快適か？」と疑問が湧いてしまったら、アウトですね。

幸せな人は、「幸せ」を意識していない

「幸せ」も、「それ」の一つではないですか？

「幸せになりたい！」と意識しているときも、「自分は今、幸せだ！」と意識しているときも、それは本当の「幸せ」ではないのです。

「涼しい」という言葉が口から漏れている間はまだ暑さが残っているのと同じで、「幸せだ！」と意識しているということは、残念ながら心のどこかに「不幸」が残っていることを示しているのです。

　では、どうすれば私たちは真の幸せを感じられるのでしょうか？

　この章では、この点について考えてみたいと思います。

14

何かを「持っている」
ことと幸せは無関係。

執着しすぎると、
心はいつまでも
満たされない。

「所有」という概念が幸福感を混乱させる

「幸せを意識する限り幸せにはなれない」というお話をしました。これこそ、この本の根幹でもあり原点でもあります。ネガティブを拒もうとするから、幸せという意識しなくてもいいところに意識が向き、問題が発生してしまうのです。

こうして多くの人は、自ら積極的に、本来の幸せからどんどん離れていきます。

幸福観を、回復不能になるまで混乱させていく大きな障害が「所有」という概念です。幸せを持ち物で測ったり、ランクづけしたりしていませんか？

私たちが「所有」に結びつけるのは、物ばかりではありません。友人も結婚相手や家族も、「持つ」と表現します。「気持ち」「心持ち」はどうですか？　時間も空間も「持つ」と考えがちです。それらを「十分に持っている」ことを幸せと考えていませんか？

「所有」という概念にこだわり続けた哲学者として、サルトルが挙げられます。「眼差し（見られること）」を「他人による所有」とし、恋人は「所有の中で最も価値あること」、死

は「全面的な所有権の剝奪」などと定義しています。サルトルの所有観について深入りはしませんが、二つの要注目点があるので紹介しましょう。

　サルトルは、「所有された状態」を「凝固」と表現します。「誰かに見られている」状態も、彼にとっては凝固。緊張して体がこわばることを「固まってしまう」と、私たちも使います。

　所有は常に「持つ・持たれる」の関係にあります。そしてその力は双方向にはたらきます。だから、所有は常に束縛にもなります。ということは、ブランドのバッグを自慢する人は、そのバッグによって束縛されているということ。その人は、所有物によって所有されている。これが「凝固」です。

所有に執着すると亡霊に取り憑かれる⁉

　さて、サルトルはそんな「凝固」状態を、『存在と無』という彼の代表作で幽霊を使って説明します。

　　幽霊は、家や家具が《所有──されている：être-possédé》ということの具体的な物質化以外のなにものでもない。或る家がつきまとわれていると言うことは、金や労苦を以て

しても、最初の占有者によるこの家の所有という絶対的形而上学的な事実を、消し去ることができないであろうと言うことである。

　訳書では《所有―されている：être-possédé》とフランス語も併記されています。これが不可欠なのは、「幽霊」はフランス語で《possédé》になるからです。この単語は「所有する」を意味する動詞《posséder》の過去分詞。つまり幽霊は、「所有された」状態なのです。訳書では「幽霊」とされていますが、どちらかというと「取り憑かれた霊。悪霊」がイメージしやすいでしょう。英語でも《possession》は「所有」と同時に、「悪霊」も意味します。
　自分が取り憑く側、もしくは取り憑かれる側になったら一大事！　自分が人（あるいは物）の「所有」になることを好む人はいません。しかし、「持つ」という状態は、常に「持たれる」状態と表裏一体であることをわきまえておきましょう。幸せを「所有」で測っていたら、亡霊にいつの間にか取り憑かれているかもしれません。

15

SNSでの偽りの
自己演出は
幸せを遠ざける。

ネガティブな自分を隠さない
素直な人こそ幸せ。

SNSの「いいね!」では幸せになれない

「幸せな人」って、どんな人でしょう？　「何をどれだけ持っているか？」ではなく、「どんなあり方か？」で答えてみましょう。

　私は、「幸せな人は自分を偽らない人」と伝えています。言い方を変えれば、「自分に素直な人」です。

　SNSがここまで日常に浸透した時代だからこそ、「自分に素直である」ことは難しくなっています。SNSの中では、飾り立てた自分や、偽りの自分が横行しています。素の自分をさらけ出せる人は、ごくまれでしょう。

　SNSは「目立ったもの勝ち」の世界。そこに慎み深さや丁寧さはなく、とにかく目立てばいい。そして、目につきやすいところを切り取って押し上げていくのがSNSの構造です。SNSを使うときは、この仕組みをよくわきまえておかないと、見る側も見られる側も、自分を見失ってしまいます。そして、偽りの自己を演じ続けなければなりません。SNSでは、素直な自分は「バズらない」「承認されない」のです。

　しかし、SNSでのスタイルが日常生活を侵食してしまうと、大変です。自分というものが、常に「他人と比べた自分」

でしか認識できなくなってしまいます。その結果、他人を崇（あが）めたり、他人を見下したりします。承認欲求やマウンティングも、この侵食の一つです。日常生活でも、他人が「いいね！」と言ってくれる自分、ポジティブでキラキラ輝く自分だけを切り取って公開し、そうでないネガティブな自分は押入れの奥にひた隠しに隠して、なかったことにしようとします。

　こんな偏った演出こそ、幸せを阻む元凶なのです。

自分に素直になることは難しくない

　ポジティブな自分もネガティブな自分も、どちらも自分自身です。でも、「自分に素直であることは難しい」と思うかもしれません。片思いの人の前だろうが社長の前だろうが大嫌いな同級生の前だろうが、そして親やこどもたちの前だろうが、いつでもどこでも、ポジティブでもネガティブでもある自分に素直でいられたら……。

　しかし、私たちの感覚は、頭で考えると極度に難しいことを、何事もないかのようにさらりと行っているのです。

　五感はさまざまなものを自然から感じ取っています。しかし、感じたものをあとには残しません。けれども、頭はそれらをネガティブと判断してなんとかしようとするあまり、自

ら苦しみを生み続けてしまいます。

　本来、感じたものはサラサラと流れていっているはずです。感じたものがサラサラ流れるその流れに素直になって、自分自身をまかせてみませんか？　それは、あなたの感覚に素直になることです。それがきっと「自分に素直になる」手がかりになるはずです。

　宮沢賢治の『雨ニモマケズ』。好きな人も多いでしょう。この詩はさまざまな人生の道理を教えてくれますが、その一つが「幸せのなんたるか」です。

「雨ニモマケズ、風ニモマケズ、雪ニモ夏ノ暑サニモマケヌ」。有名な冒頭にある「雨風雪暑」は、実際に私たちが「避けたい」障害にもなりますが、比喩にもなりますね。「人生の風雪」なんて表現では、風と雪は厳しい苦難に喩えられています。

　この賢治の名作を私なりに換骨奪胎してみると、こんな感じです。

　賞賛されても気に留めず、ゲスな批判を苦にすることもなく、他人の評価も世間のランキングもさらりといなし、ただ足の赴くままに向かい、風雪に負けもせず勝ちもせず、暑さ寒さをそのまま感じそのまま楽しみ、試練があってもそれなりに乗り越えていく。

　こんな素直な生き方ができる人は、幸せですね。

16

行きすぎた願望を抑えて、
「身のほど」をわきまえる。

頭で描く幸せには際限がない。

「身のほど」が幸せの本質

　身のほどを超えたところには、幸せはありません。「身の
ほど」がネガティブな意味合いを持つときもありますが、そ
うだからこそ、一層、身のほどは大切です。制限つきで不自
由で不安定だとしても、「身のほど」が幸せの本質なのです。
　第 1 章で紹介したラ・フォンテーヌの別の寓話を、本章で
も活用してみましょう。今回のタイトルは『牛のようになろ
うとしたカエル』です。

　　一匹のカエルが牛を見て思った。「コリャなんて見事な
　身体だこと!　オイラのはニワトリの卵の大きさにもかな
　わないのに」そしてカエルは、手足を広げ、腹を膨らませ
　始めた。
　「オイラも同じ大きさになりたい」なんとか牛のような身
　体にしたい……。
　「ねえ、牛さん。だいぶ大きくなったかしら?」「いやいや」
　「プウプウ!　これでどう?」「てんでダメだね」
　「プウプウプウプウ!!　これでどう?」「いっこうに大き
　くなってないよ」

プウプウ、プウプウ、あわれ、ちっぽけなカエルは膨らみすぎて破裂してしまった。

　結末を想像できた方もいらっしゃったかと思います。

　さて、「あなたはどんなときに幸せを感じますか？」なんて聞かれたら、どう答えますか？　好きな食べ物に囲まれているとき。恋人と過ごしているとき。家族とレジャーを楽しんでいるとき。寝ているとき。趣味の時間。買い物の時間。

　大事なのは、どんな時間でも「終わり」が来ることです。食べ物にも買い物にも、限度があります。しかし、頭で描く幸せには、際限がありません。頭だけでは、お寿司だってステーキだって唐揚げだって、無限に食べられます。恋人とのまったりタイムだって、無限に続くでしょう。頭は「永遠」「普遍」という理想を可能にしてしまうのです。

　このカエルくんの理想像も、頭では「可能」だったのです。行きすぎた要求をするのは現代人の悪癖ですが、どうやらその要求が幸せにまで及んでいるようです。どれほど好きなものでも、ビールとラーメンばかり毎日食べていたら、いつか身体が悲鳴をあげるでしょう。

「もっともっと」は自らを破裂させる思考

　両手にいっぱい以上のものは持てません。今やさまざまな「蓄え」ができるようになりましたが、使い方に困るレベルの蓄えまで見られるようになりました。

　この寓話のカエルくんのように、行きすぎは未来に直結してしまいます。その間の、連続する「今」は無視されてしまいます。それは、身体の声も無視してしまうことです。

　そして現在、「もっと先に、もっと高く速く、もっと多く」と、「もっともっと星人」がいたるところに出現しています。彼らには「身のほどに」が、モチベーションを削ぐネガティブなメッセージになってしまうのでしょう。

　人生のテーマは人それぞれです。「もっともっと」もいいでしょう。しかし、幸せがテーマになったとき、「もっともっと」は自らを破裂させる思考であることだけは、わきまえておきましょう。

17

小さな幸せを見つけ
られる人になろう。

欲に取り憑かれた人は、
お金や物があっても
満たされない。

貧しい夫婦が貧乏神を選んだ理由

　世界の寓話や童話をひもとくと、「お金持ちになって幸せになりました。チャンチャン」というエンディングが大半です。が、おもしろいことに日本昔話では、このエンディングがかなりの頻度でひっくり返されます。その代表が『貧乏神と福の神』です。要点だけつまみ出します。

　働けど働けど生活が一向にラクにならない夫婦がいました。しかし、懸命な働きがようやく実ってきた、ある夜。天井裏から鳴き声が。そこにいたのは、貧乏神。どうやら、家を出なければならなくなったそうです。しかし、なんと夫婦は、「せっかく長く居たんだから」と、貧乏神と一緒に暮らすことにしてしまったのです。驚いたのは、翌日この家を訪れた福の神。貧乏神を追い出そうとし、相撲対決になりました。ヒョロヒョロでガリガリの貧乏神は、福の神に勝てるはずありません。しかし夫婦は、貧乏神の背中を押して、とうとう福の神を追い出してしまいました。こうして彼らは、貧しくても幸せに暮らしました。

福の神は福袋を持っています。大きな、大きな袋です。きっとこの中は、夫婦が欲しい物で満たされていたでしょう。彼らはそれを放棄して、貧乏神を選びました。もし、福の神を選んでいたら？　きっと、福袋でも収まりきらない欲に取り憑かれてしまい、夫婦の仲は壊れてしまったでしょう。

小さな幸せを見つける感度の豊かさが大切

　欲望は、私たちの身体にも収まらないのに、果てしなく続きます。「身のほどである」ことは、豊かさの要点なのです。そして、「幸せも身のほどである」のです。
「世界で一番貧しい大統領」として有名になった、ウルグアイの元大統領ホセ・ムヒカさんは、「貧しい人は、限りない欲を持ち、いくら物で満たされても満足しない人たちだ」と言明しています。
　貧しい人とは、たとえ億万長者だろうが、たとえ家がブランド品で満たされていようが、それらを独占している人たちなのです。
「成功者のオレは一生、大金持ちだ！　欲しいものはなんでも買える！」という考えも許されます。しかし、それが歪な豊かさであり、不幸せであることはわきまえておいたほうが

いいでしょう。

　幸せと豊かさには、「目を留める」「見つける」という要素もあるのです。そもそも幸せとは、清らかで控えめで衒いのないもの、見つけにくいものなのです。

　私などは、娘の小さな手の温もりに日々、癒されます。月影の明るさにも気づきにくい時代になりましたが、実はかなり明るいのです。秋の虫の声を愛でられるのも、小さな幸せとの出合いです。

　言い換えれば、豊かさとは「小さな幸せを見つける感度の豊かさ」とも言えるでしょう。派手なものに目くらましにあっていたら、見逃してしまう存在です。あなたはそれらに目を留め、声をかけられますか？

「くれくれ！」ともらうばかりの人たち、「オレ様のものはオレ様のもの」と人に与えられない人たちは、感度はどんどん貧しくなっていくでしょう。「獲得し占有するものが多いほど貧しくなる」とは、一見不合理ですが、実は極めて合理的なことなのです。

18

トイレでのんびり
豊かな時間。

一見ネガティブな場所も、
過ごし方次第で
幸せを感じられる場所になる。

トイレはネガティブな場所だけど……

　トイレというのは、意外な使い道もある。そんなことに気づき始めたのは、妻に命じられて小便を「座ってやる」ようになってからです。

「用を足す」という言葉があるように、トイレはただ排泄を済ますためにあると思い込んでいました。いわば、これ以上ないネガティブな場所です。

　けれど座って用を足すようになると、「せっかくなので」と、のんびりした気分になります。この時間が実に豊かなのです。

　トイレといえば、日本随一のエッセーと言われる谷崎潤一郎の『陰翳礼讃』が思い出されます。その冒頭を飾るのが厠でした。

「トイレ」という明るさ満点の言葉でもなく、「御不浄」のように「不潔」を連想させる言葉でもありません。「厠」を選んだのは、そこに礼讃する「陰翳」があるからでしょう。

　谷崎は厠について、こんな述懐をしています。

　　漱石先生は毎朝便通に行かれることを一つの楽しみに数えられ、それは寧ろ生理的快感であると云われたそうだが、

（中略）それには、（中略）或る程度の薄暗さと、徹底的に清潔であることと、蚊の呻(うな)りさえ耳につくような静かさとが、必須の条件なのである。（中略）総べてのものを詩化してしまう我等の祖先は、住宅中で何処よりも不潔であるべき場所を、却って、雅致ある場所に変え、花鳥風月と結び付けて、なつかしい連想の中へ包むようにした。これを西洋人が頭から不浄扱いにし、公衆の前で口にすることをさえ忌むのに比べれば、我等の方が遥かに賢明であり、真に風雅の骨髄を得ている。

過ごし方次第で豊かな場所になる

『陰翳礼讃』を読んでいたせいかもしれません。私が家を建てるとき、二つあるトイレの一つの壁紙に、黒を基調にした銀のパターン模様を選びました。そして、座った目線の少し上に、黒田如水（黒田官兵衛）の「水五則」の色紙を置きました。これは義父からもらった、那須の雲巌寺の老師が書かれたものです。

　妻曰く、我が家のトイレは「瞑想の部屋」。ここで「用を足す」プラス5分くらい座りながら、水五則を眺めて物思いにふけります。すると、第三則「障害にあい激しくその勢力

を百倍し得るは、水なり」に目が止まることが多いです。

　これは、私が結婚直後から、別居に事故に病気と、障害ばかりの数年間を経験し、挫けそうになる日々の連続で、いつか「勢力百倍」になることを信じていたからでしょう。

　引きこもるのではなく、限られた時間の中でゆったりと過ごす。そんな場所が厠（トイレ）って、幸せな生活の一コマにいいじゃないですか。

　過ごし方次第では、ネガティブな場所だと思いがちなトイレも、人生に豊かさを与えてくれる場所になります。

「小さな幸せを見つける感度」は、こんな場面にも生きるのです。

19

「暇」を楽しもう。

生産性を求められない
「暇」な時間は、
使い方次第で人生を
豊かにする。

「暇」にイライラしていませんか？

　学生の頃は暇が苦手でした。不真面目な私は、授業中によく暇になってしまっていました。しかしどれほど暇でも、弁当を食べたり音楽を聴いたりすることはできません。本来なら、漫画を読むこともできません。先生たちも随分譲ってくれたのでしょう、寝ることは許されていましたので、私は高校卒業時に「授業中によく寝るヤツ」でトップになりました。

　しかし、10 年ほど前から、「暇 !?　ラッキー！」と喜べるようになりました。暇なるものは、突如発生するものです。予定されていた「空き時間」は、暇になりません。おそらく誰もが、空き時間に対して準備をしてくるでしょう。

　私の場合、待ち合わせ時間での暇の発生が大半を占めます。私は生来、慌てるのが大嫌いなため、待ち合わせ時間より随分前に到着してしまいます。そこにさらに、相手から「すみません、○○分遅れてしまいます」の連絡が入ると、「ラッキー」と思ってしまいます。「ごめんなさい」に対して、「ゆっくりお越しください」なんて返しますが、本気で「ゆっくりね」と思っています。相手が到着するまで、仕事場ではできなかった読書などができるからです。

そんな暇に、仕事は不適切。なぜなら、「相手が到着する時間まで」という制限があるからです。そして、暇でできる読書は、仕事場ではできません。仕事場まわりには、仕事に直結する本しか置いていないからです。

「暇」という非生産的な時間に豊かさがある

「暇」について詳しく理解するために、白川静先生の『常用字解』を参照してみましょう。

「暇」は「日」と「叚」が組み合わさってできています。「叚」について、白川先生は、「まだ磨いていない原石ままのもの」と解説しています。これはつまり、「未知数のもの」であり、「遠い、大きい」などの意味を含んでいるようです。原石は、磨かなければ何物になるかわかりません。何が出てくるかは、磨いてようやくわかります。

ちなみに、「暇」は英語で「leisure（レジャー）」です。この単語は、フランス語の「loisir」に由来します。どちらの単語にも、「自由な時間」という意味が出てきます。「自由な時間」の対義語は、「すべきことがあらかじめ決められた時間」。ということは、業務から解放されている時間が「暇」なのです。だからこそ、暇では何をするのも自由です。成果

や評価などへの忖度は、一切無用です。生産性を求めないという意味では、「暇」はネガティブな時間だと言えます。

　ところが、昨今はスマートフォンによって、「暇」を持つことすらできない人が増えています。スマホでは「時間をつぶす」だけで、心身のリフレッシュには遠く及びません。暇というネガティブな時間を味わえないのです。

「暇」がどうにも苦手な人は、暇に対して受け身でしかいられないと言えます。「自分に責任のないアクシデント」は、確かに腹立たしいものです。それが引き金になって生まれる数々の懸念。だから余計に、「暇」にイライラしてしまうのでしょう。しかし、時計の針を動かすことはできても、時間を叩いて早めることはできません。

　暇は「予想外」がデフォルト。だからこそ、その使い方次第で、意義ある時間に変貌します。「暇」はつぶすものなどではありません。「暇」は、自由な裁量で楽しむものなのです。

20

幸せは永遠に
続くものではない。

もし幸せを見失ったら、
また気づき直せばいい。

なぜ幸せの青い鳥は飛び去ったのか？

　ベルギーの劇作家モーリス・メーテルリンクの『青い鳥』も、幸せを知るためには欠かせない作品です。チルチルとミチルは、妖精ベリリュンヌに「病気の娘のために青い鳥を探してほしい」と頼まれ、幸せの青い鳥を探す旅に出ます。

　さて、この物語のラスト、覚えていますか？　原文ではこうなっています。

「幸せの青い鳥は自分の家の中にいた」

　しかし、ここで終わってしまっては、この物語の真髄、最高の旨味が失われてしまいます。この鳥は、回復した娘が二人のもとへお礼に来たところで、逃げてしまうのです。

　ここで問うべきは、「なぜ幸せの青い鳥は飛び去ったのか？」です。「もし逃げなかったら？」という裏側からの問いもできそうです。

　この作品で兄妹は、「思い出の国」「夜の館」「未来の国」など、数々の国を訪ねます。クライマックスは「幸せの館」です。そこで「健康である幸福」から、「あなたのお家は幸福でいっぱいじゃない！」と教えられます。そしてこの館を去る直前に、最大の幸福とされる「正しくある喜び」と「美

しいものを見る喜び」から、「影」「美しくないもの」という
裏側の存在を知らされます。

　メーテルリンクは最後に、二段構えで教えを伝えています。
「幸せは自分自身のところにある」、そして「幸せを探してい
る限り幸せではない」と。

　もし、幸せの青い鳥が日常にいることになってしまった
ら？

　その鳥が滞在する限り、幸せになっていないのです。

青い鳥がいなくなったときこそ「幸せ」

　哲学者のショーペンハウアーは、著書『幸福について』で
次のように説いています。

　　幸せにとっては、私たちのあり方こそ第一の要件であり、
　本質的に重要なところである。あり方は所有するものや、
　印象の与え方よりも、幸せに寄与するところがはるかに大
　きい。

　ショーペンハウアーも「あり方」を問うています。過去「そ
うであった」でもなければ、未来「そうなるだろう」でもあ

りません。常に「今」しかないのが私たちの「あり方」です。

　幸せの永続を意識するのは「あり方」に反してしまいます。「幸せである」のを今の先まで求めるのは、蜃気楼を追いかけるようなもの。諸行無常、有為転変が人生の常なのです。

　だから、幸せを意識しなくなったとき、青い鳥がいなくなった「今」こそ、幸せなのです。

　物語を締めくくるチルチルの決意は見事です。

「また捕まえてあげる」と。

「幸せ」を見失ってしまうこともあるでしょう。そのときは、また気づき直せばいい。それを気づかせてくれるのは、鳥じゃないかもしれませんね。

　私の場合は、「幸せの黄色い虫（ミツバチ）」と娘。

　さて、あなたの場合は？

21

心や脳ではなく、
身体から幸せになろう。

微笑むという
「幸せの演技」をすれば、
怒りや憂鬱は消え去っていく。

考えても考えても幸せは近づかない

　　幸せだとか不幸だとかいう理由には、価値はない。身体と身体の働きで決まるのだ。

　こう述べたのは、世界三大『幸福論』の一つを書いたアランという哲学者です。
　アランの本名は、エミール＝オーギュスト・シャルティエ。アラン自身は、自らを「気立てのいい凡庸な男」と称していましたが、これをほのめかしているのがペンネームの「アラン」です。アランは、フランスではごく一般的（ある意味、平凡）な名前なのです。しかし、「最も偉大で人間的な哲学者」と、フランス国民は賛辞を送ります。
　アランは哲学を語らない哲学者で、常に行動しながら考え続け、自分の足跡をごまかすことはありませんでした。
　その幸福観の特徴は、二つあります。身体と礼節です。
　私たちは、あれこれ考えます。「そうなら、なぜ？」「そうでないなら、なぜ？」と考えに考え、理想の幸せに近づこうとします。しかし、どうしても心は御しがたく、脳はどっぷり妄想で混乱してしまいます。心と脳によって、合理的なこ

とですら撹乱されてしまいます。「そんな複雑怪奇なものより、もっと頼れるもの、ありますよね？」というのが、アランの『幸福論』の秘中の秘です。

不幸を悩むより、微笑もう

幸せは、決して抽象的なものではなく、身体的なものなのです。心や脳と違って、身体は「幸せにならなければ！」とか「幸せになれない！」なんてプレッシャーなどかけてきません。ここを基点にしてみましょう。「幸せ」が単なる概念や幻ではなく、現実味を帯びてきませんか？

礼節の大切さにいたっては、みなさんも日常的に感じているでしょう。丁寧で謙虚な人と、不機嫌で乱暴な人。どちらが幸せで心穏やかな日々を過ごせるかは明らかですね。

そして、礼節と身体を結ぶ行為が「微笑む」です。

微笑んだり、おじぎをしたりする身振りによって、激怒や憂鬱や不信を不可能にする。それは幸せを演じるチャンスである。

他人からの批評に惑わされて、最も信頼できるものを見失

ってはいけません。これまであなたを支えてきたのは、何は
さておき、あなたの身体です。

　つまるところ、「幸せとは？」の定義などできなくても、
幸せになれるのです。哲学者だって、学問をするだけが能で
はありません。スポーツもします。恋愛もします。レジャー
もします。

　たまに目にする頭でっかちの哲学愛好者は、たいてい不幸
な身振り・顔つきをしています。そんな哲学狂たちより、日々、
私が住む三浦半島で接するおじちゃんおばちゃんたちのほう
が、よほど幸せそうです。彼らは、初対面の人だろうが顔な
じみだろうが、道ですれ違えば必ず挨拶します。

　知識がどれだけあっても、現場がなければ哲学は机上の空
論になります。そして身体があるから現場が成り立つのです。
「なぜ不幸なのか？」なんて考え込む前に、微笑みましょう。
考えが混乱していたら、あっさり答えをあきらめましょう。
答えなどなくても、身体で幸せを表現してしまえばいいんで
す。演技という身体表現が、いつの間にか「あり方」へと昇
華されていくはずです。

22

幸せには何事も
「ささやか」がいい。

虚栄心や権力欲、
高すぎる理想は人を
不幸にする。

幸福になるための治療法を提示した哲学者

　この本の目的は、日常的で一般的な不幸に対して、一つの治療法を提案することだ。人並みの幸運さえあれば個人の幸福は勝ち取れる。そのための改革を私は示したい。

　このような宣言で始まるバートランド・ラッセルの『幸福論』。前項で紹介したアランは文学的かつ哲学的な幸せ観を私たちに示してくれましたが、「一つの治療法を提案する」とは、いかにも科学者らしいものです。ラッセルは、数学者でもあり論理学者でもあり哲学者でもありました。

　彼の『幸福論』は不幸の分析から始まります。そして、不幸の元凶として、社会的な仕組みではなく、個人的な思考の癖に着目します。

　彼はこの思考の癖を「間違った世界観、間違った生活習慣」と呼んでいます。幸せになるためには、生活習慣を正せばいいのです。

　ですから、ラッセルの幸福論は「治療を目的」とした、合理的かつ実践的なものになっています。

「虚栄心」「権力欲」「罪の意識」を持たない

　ラッセルが不幸な人たちとして挙げるのが、「ナルシスト」「誇大妄想狂」「罪の意識に取り憑かれた人」です。そして、「ナルシスト」は「虚栄心」と、「誇大妄想狂」は「権力欲」と結びつくことが解明されます。

　さて、これら三つのタイプはすべて、ポジティブにとらわれてしまっていることが認められるでしょう。「虚栄」「権力」は、まさにネガティブを受け容れられないことから発する間違った思考。この二つはわかりやすいと思いますが、では「罪の意識」はどうでしょう？　むしろネガティブに偏っているのではないでしょうか？

「罪の意識」は、「よくないことがある・禁じられたことがある」が「どうしても自分はよくないことをしてしまう」という道徳観から生まれます。

　盗みや詐欺レベルの「よくないこと」だけではありません。さまざまな事情でセックスや酒やタバコが禁じられている人たちもいます。もっと当たり前の日常的な行為を禁じる教えもあります。

　そんな彼らは、「自分はかくあるべきという理想像」を、

心の奥深くに抱え込んでいるのです。ラッセルは彼らを「罪人」と表現しますが、「罪」とは「悪事を犯すこと」ではなく、「理想にとらわれていること」なのです。権力欲や虚栄心も、たいがいにしたいポジティブ依存ですが、理想主義もまた度し難いポジティブ依存です。

　この三つの悪癖を治療できれば、人間は幸せになれる。これがラッセルからの温情あふれるアドバイスです。そして、その治療のために、彼は「ささやかな信念を持つこと」をすすめます。それはまた、「趣味を持つこと」でもあると説きます。

　しかし、趣味が現実逃避になってはいけません。だから「ささやか」なのです。「ささやかな信念」は、「過度にならない程度に自分を高く評価する」ことでもあります。

　やはり「ささやか」が大事ですね。派手でけたたましい信念は、目立ちたがりに適当ですが、幸せにはささやかが妥当なのです。

23

自分の力だけでは
幸せになれない。

やれることを誠実に
果たしたら、
あとは天にゆだねるくらいの
心の余裕を持っておこう。

偏見を捨てることが幸せへの第一歩

　この世で得られる永続的な幸福は、たえず神のそば近く
にあることと結びついた、同様に絶えまない有益な仕事に
ある。

　三大『幸福論』の一つ、カール・ヒルティの『幸福論』の
特徴は「神」が頻繁に登場することです。
　この特徴が示すように、ヒルティの著作には、敬虔なキリ
スト教者としての思想があふれています。しかし彼は聖職者
ではなく、ドイツのゲッティンゲン大学やハイデルベルク大
学で法律を学び、ロンドン、パリに遊学したあとは、祖国ス
イスに戻り、法律家や政治家として活躍しました。
「神」と聞くと、昨今の日本ではいかがわしさを連想し、ア
レルギー反応を起こしてしまう人も多いでしょう。日本には
古来より、多種多様な「神」がいます。山にも木の花にも神
がいます。しかし、教団が掲げる「神」は唯一絶対の存在。
「多様性」は認められません。私たちには、「教団が掲げる神」
への心理的抵抗があるのではないでしょうか。彼はこんな言
葉を残しています。

宗教的宗派によって幸福を得ようとする道は、幻滅にみ
　ちた道である。

　このように、ヒルティは教団の持つ形式主義を嫌悪してい
ました（ついでに、哲学者たちが好んでしてきた体系化も嫌
っていました）。
　ヒルティの思想の要所だけを取り上げることには、なかな
か恥じらいと危険がともないますが、幸せになるための第一
歩と、「神」なるものの意味を私なりに換骨奪胎してお伝え
しましょう。ヒルティは大前提として、

　　まず、一切の偶像を容赦なく投げ捨てねばならない。家
　柄、境遇、習慣などによって得た偏見をすっかり捨て去る
　ことは、まことの幸福の第一歩である。

　と述べています。「偶像を捨てる」、そして「偏見を捨てる」
と言い切るヒルティ。紛い物ではない真正な宗教者としての
面目がここに如実に表れています。私は禅僧たちから学ぶこ
とが多いのですが、幸福について、彼らも同じことを要求す
るでしょう。

努力をしたら、あとは天におまかせしよう

　問題となる神ですが、ここでは私なりにお話ししたいと思います（もちろん、ヒルティの作品たちを読み込んだうえです）。ヒルティは、こう述べています。

　　われわれは自分の幸福を、いつでも得られ、まただれもが得られるものの上に、築かねばならない。われわれが必要とするのは、自分のなかから出てくる力ではない。

「だれでもいつでも」という表明には、政治家や法学者としてではなく、宗教者としての覚悟が認められます。ここから神を感じる人も多いかもしれません。

　この幸福観は、中国伝来の思想、「人事を尽くして天命を待つ」に類するでしょう。宮本武蔵の「我、神仏を尊びて、神仏を頼らず」にも近いでしょう。

　ヒルティは「自分のなかから出てくる力」が無駄だといっているわけではありません。むしろ、人間としての力を信頼しているのです。しかし私たち人間は、力を過信して、幸せさえ操作しようとしかねない。それを諫めているのです。

やれることを誠実に果たす。ヒルティにとって仕事は人事の部分です。そして、それ以上は天におまかせする。おまかせできるほど心にゆとりがあることが、幸せの秘訣かもしれません。

第 3 章

人間は揺らぎ、
あいまいなもの

24

肩の力を抜き
「揺らぐ」ことで、
心のしなやかさを
手にしよう。

「ブレない！」という
ポジティブ思考は、
心身のバランスを
崩す危険がある。

「ブレない」ってそんなによいこと？

「ブレずに生きる」「ブレない人になる」というフレーズをインターネット検索してみると、650万件以上がヒットしました（2023年10月時点）。このキーフレーズに、「悩まない」「意志を貫く」「まっすぐ生きる」などのポジティブ・フレーズが連結してきます。

「大きな誤解がまかり通っているな」と思わずため息が出ます。そして、「幸せから遠のいているなぁ」と、同情を禁じえません。

　ただ、大昔より「ブレない」は、人間の脳に取り憑いたシコリのようなものだったようです。時代と国が変わっても、ここまで科学が進歩しても、相変わらず私たちは同じシコリ（あるいは亡霊？）に取り憑かれているようです。

　断言しましょう。ブレない人ではなく、揺らぐ人のところにこそ幸せはあるのです。

『カシとアシ』というラ・フォンテーヌ寓話はそれを示唆しています。

　　カシの木がアシに向かって言った。「君にとっては小鳥

一羽の荷が重い。風が吹けば、頭をたれなければならない。それにくらべて、オレの体は岩山のようなもの。君には暴風でも、オレにはそよ風。そんなふうに君を生んだ自然を、君は責めてもいいだろう」

アシは答えた。「お気づかいは無用だ。風なら、ボクたちは怖くない。ボクはしなる。折れることはない。君は今までどんな風にも耐えてきたが、しまいにはどうなるかわからないよ」

ある日、これまでに見たこともない嵐がやってきた。カシの木はふんばり、アシはなびいた。嵐は狂ったように暴れた。その力はあまりに激しく、とうとうカシは根っこから倒れてしまった。アシは相変わらず、なびいていた。

「決してブレない」と自慢していた樫（かし）は、最終的に根っこからひっくり返ってしまい、二度と起き上がれませんでした。一方で、揺らぎながら生きる葦（あし）は、ずいぶんグラグラしたでしょうが、嵐が去れば元どおりになったのです。

揺らぐことで心身のバランスが整う

「揺らぎ」をフランス語にすると、いくつか候補が出てきま

すが、実は《balance》もその一つです。読みそのまま「バランス」とも訳されるこの単語には、「釣り合い」「天秤」という意味もあります。揺らぐことがバランスと同じ語になっているのです。

　ところで、みなさんは坐禅を体験したことがあるでしょうか？　姿勢を調える際に、禅僧たちは「身体を揺らしてください」と指導します。身体を揺らすことで、身体のバランスを取るのです。そして、身体を揺さぶることで身体の歪みがわかるのです。

「自分はブレない！」と豪語する人は、すでにバランスを失っているのでしょう。歪みが溜まって、根っこからひっくり返らないように祈るばかり。

「ブレない人間になろう」と力む前に、まずは自主的にゆらゆら、ゆらゆら、思考も揺らしてみませんか？　きっと歪みが見つかるはず。そのときこそチャンス！　思考のバランスを取り戻しましょう。

25

「揺らぎ」は人間に
欠かせない。

揺らぐから人間は進化し、
謙虚にも温和にもなれる。

「人間は考える葦である」の真意

　人間は考える葦である。

　フランスの哲学者ブレーズ・パスカルの言葉です。世界史や倫理の授業で目にしたかもしれません。この言葉、実はこの一部分だけひとり歩きしている印象があり、最も重要なメッセージが脱落しています。実際はこのような文脈で使われています。

　　人間はひとくきの葦にすぎない。自然の中でもっとも弱いものである。しかし、考える葦である。

　この文章の「しかし」が最も重要な部分です。人間は最も弱い生き物、「しかし」考えることができる。この「しかし」にこそ、パスカルの人間の尊厳が繋がってくるのです。
　また、人間は威勢のいい姿だけではありませんから、ネガティブな側面を無視しては、「人間とは？」に答えられなくなるでしょう。
　彼の著書『パンセ』には、こんな警句もあります。

人間が偉大なのは、自分が悲惨だということを知っている点において偉大なのである。

さらに関連してもう一つ。

　人間は多くの光を持てば持つほど、自らの中に偉大さと悲惨さを見出すだろう。

　この一文のキーワード「光」には、さまざまな意味が考えられます。
　例えば、知識。「自然や世界について知れば知るほど、人間は自らの偉大さと悲惨さを知ることになる」と。
　科学技術とも言い換えられるでしょう。まさにＡＩが、最も熱いトピックになります。「ＡＩは、人間の偉大さと同時に悲惨さを思い知らせている」と。
　偉大さがポジティブだとすれば、悲惨さはネガティブです。私たち人間は、弱かったり揺らいだりするネガティブな面があるからこそ、人間なのです。

「揺らぎ」が人間の偉大さを支えている

「揺らぎ」は栄枯盛衰でもあります。花の盛りはすぐに終わりを迎えます。立派な業績や知識といえども賞味期限があります。

　しかしそれでもなお、花は花ですし、業績までの努力は無駄にはなりません。

　そして、「揺らぎ」は、「不断の動き」でもあります。活動をやめてしまえば、人間存在は新鮮さを失い、腐ってしまうでしょう。そして揺らぎを知ることで、謙虚で温和にもなれるのです。

26

「雑」の価値に気づこう。

ネガティブ・ワードの
代表格「雑」の奥深さを知ると、
世界の見え方が変わってくる。

雑用こそ「主要」になる

　雑多、煩雑、混雑、雑多、粗雑……。
「雑」の字には、なにかとネガティブな意味がくっついてきます。乱れていたり、主要ではなかったり、純粋でなかったり、粗かったりわずらわしかったりと、「雑」はネガティブ・チームの代表選手と言えるでしょう。
「雑用」といえば、本来すべきでない用事。お茶汲みやゴミ捨てなどが代表例でしょうか。雑用は「させられる」もの。ポジションが高い人ほど、雑用はしなくて済むかもしれませんが、雑用が疎かにされている会社で、丁寧な仕事ができているはずがありません。
　雑用がきちんとされていてこそ、他の仕事が成り立つ。言い方を変えれば、雑用こそ「主要」なのです。

「雑草」にも価値がある

「雑草」なんてものは、邪魔でしかない。「できればこの世からなくなってほしい」なんて願う人も多いのではないでしょうか。我が家にもささやかな庭がありますが、毎年、毎年、

雑草と格闘します。特にドクダミ。どんどん地中に根を張って勢力を増していきます。あっという間に庭はドクダミ一色になります。

　しかし、このドクダミは薬になるのです。血液疾患の予防だけでなく、なんとアンチエイジングにも効果があるようです。もはや雑草というより、高価値の草です。

「雑」こそが美しい

「雑草」があれば「雑華（ざか）」もあります。
「心頭滅却すれば、火も自ずから涼し」で知られる快川紹喜（かいせんじょうき）国師（こくし）が住職をされていた山梨県甲州市恵林寺（えりんじ）の総門には、「雑華世界」の扁額が掲げられています。現住職の古川周賢（ふるかわしゅうけん）老師は、「雑華世界」についてこのように説いています。

　　この門から先は、悟りの世界、清らかな仏の住まう仏世界であり、澄み切った悟りの眼で観るならば、この世界は草木一本、塵一つに到るまで、すべてが世界でただ一つのかけがえのないものばかり。仏の世界は色とりどりの華が咲き乱れる美しい世界なのだ、という思想を表現しています。

　仏教の世界はなんとも深奥です。「極楽に咲く花」なんて聞きますと、キラキラと虹のように輝く花たちをイメージするでしょう。「色とりどり」と言われれば、どれもこれもきれいな色です。グレーは選ばれないでしょう。

　しかし仏教では、雑だから薄汚れていて価値がない、というのではなく、雑こそ美しいと説かれます。

「ハイブリッド」なんてカッコつけた名前もいいですが、「雑」をごまかす感が否めません。もう、堂々と「私は雑種です」と胸を張ってしまいましょう。

27

覚悟した人こそ、
遠回りする。

立ち止まっても、
迷っても、ブレてもいい。
急ぐ必要なんてない。
ゆっくり歩もう。

私が医学から哲学に向かったわけ

　今回は、恥を忍んで我が迷走をここに記します。

　私が医学を志したのは高校1年のときでした。きっかけは母方の叔父の死。彼は親族の期待を背負った存在でした。そんな叔父ががんで早逝し、私はがんと戦う医者になることを決意しました。

　祖父から始まり、ほぼみな教育に関わるという教育一家だったので、モデルとなるリアルな医師はいません。医療現場のジレンマや課題など、知る由もありません。

　大学に入ってすぐに、大学病院の科を一つ選んで見学に行ったのですが、そのとき選んだのが小児科。「こどもが好き」なんて、たわいもない理由で体験したのですが、それがまぁ、突きつけられたのは、「好き」なんてきれいごとでは済まない冷酷な現実だったのです。

　東大病院の小児科病棟では、白血病や小児がん、先天性の心疾患など、難病のこどもたちが「生活」しています。しかし彼らの生活圏内は、ごくごく狭いところに限られます。「自由」なんて初めからありません。そして、大人でも耐えられるかわからないほどの大きな手術を受けています。しかも、

彼らは乳幼児の時点ですでに「余命」が宣告されているのです。

「なぜ、彼ら（私たち）は生まれてきたのか？」
「なぜ、彼ら（私たち）は生きるのか？」
「誰が、彼ら（私たち）が生きたことを証明するのか？」

　彼らを見ているうちに、このような問いが私の中に生まれ、徐々に私の時間と意識は、医学から哲学へ向かうようになりました。高校時代に出合って勝手に私淑したモンテーニュ師匠の『エセー』や、パスカルやデカルトの本を、また読み始めました。
　さらに、必然的に出くわしてしまう「死」を通して、三つの問いはどんどん抜き差しならないものになっていきます。そして、「医学では、死はどうにも処理できない」と悟りました。
　自分の学部時代の仲間たちに失望したわけではありません。彼らとの交友は続き、私の結婚式の披露宴にも来てくれました。
　しかし、私にはどうにも、死の問題を抱えながらまっすぐな道を歩くことができなかったのでしょう。

「人間にとっての宿痾の患部は、精神と思考にある！」

　これが医学部を辞める際の覚悟でした。

覚悟した人こそ迷ってしまう

　こうして私は、約束されていた安定の道を外れました。本格的な迷走のスタートです。人生とはまったく不可思議なものです。「覚悟した人はまっすぐブレずに歩ける」なんて、まったくの誤解なのです。覚悟した人こそ、迷ってしまうのです。なぜなら、覚悟によって、そうでない人が面倒と思うことも、あえてしなければ気が済まなくなるからです。気が済まないどころではありません。そうしないと自分が死んでしまいかねないのです。

　覚悟した人間にとっては、「最短距離を最速で」なんて、もはやお呼びではありません。はた目からすると、立ち止まったり道を外れまくったりしていても、それが自分に素直な道なのです。これこそ、本来的な「まっすぐに歩く」かもしれません。

28

どんなときも「許し」の
扉を閉ざさないで。

他人を許せない人は、
自分も許せない。
許せない人は、
幸せになれない。

『カチカチ山』のタヌキは
殺されるほどの罪を犯した？

　ＳＮＳが発端となるニュースを見て思うのは、私たちが
「どれほど不寛容な時代に生きているか」ということです。
そんな時代に生きる私たちにとって、最も困難で切迫したテー
マは「許し」です。

　許しで思い出されるのが『カチカチ山』です。

　タヌキが犯した罪（おばあさん汁）と、ラストシーンの残
酷さ（叩かれて溺死）ゆえに、最近では、タヌキは改心して
「いいヤツ」として生き残るお話もあります。

　が、それでもウサギはしっかり、タヌキに火傷を負わせて
カラシを塗りたくります。ウサギの所業に「ここまでする？」
という批判があれば、「当然の報いだ」という意見もあるで
しょう。

　しかし、いきなり罰について考える前に、基礎となるポイ
ント、つまりおじいさんに捕まる前にタヌキがしていたこと
に戻ってみましょう。

　確かにタヌキはおじいさんを困らせていました。しかし、
この時点で火傷を負わされてカラシを塗りたくられて殺され

ていいのでしょうか。むしろ、この悲劇は、おじいさんが「吊るして殺そうとした」ことに起因するという考えはできないでしょうか。また、このあと、おじいさんは幸せになれるでしょうか。死後、地獄に行くのはおじいさんかもしれません。

　一番の反省点は「許せる時点で許せなかったこと」にあります。タヌキのいたずらに対して、話（愚痴や憂さ）を聞くことで、「そんなことがあったんだ」とタヌキを許せるようになったかもしれません。そしておそらく、「自分にもそんなことがあった」と、自分すら許せるようになったでしょう。

「許し」を閉ざさないことは「幸せ」の条件

　現代の「吊るし上げ」といえば、ＳＮＳでの「ネットリンチ」が浮かびます。問題を起こした人を吊るし上げて、寄って集って石を投げつけていじめ抜く。問題といってもさまざま。背徳や不倫やルール違反もありますが、切り取られた言葉の一部が取り沙汰されることも少なくありません。

　こうして、許せるレベルのことが、無名で顔なし大衆によって「許せない」まで一気に炎上します。そこにさらなる大衆が加わり、炎を燃え立たせる。

　ＳＮＳで繰り広げられる世界は、まさに修羅地獄のよう。

怒りに満ちて殺戮をもいとわぬ修羅の世界か、罪深い者が落ちて刑罰を受け続ける地獄の世界か。

　そんな世界で幸せになれるはずはありません。「同じ環境に自分が置かれていたら？」と想像してみましょう。誰かが犯した罪は、もしかしたら自分が犯していた罪かもしれません。

　吊るし上げられた見も知らぬ人に石を投げつける人は、それに相応する罪を自身が抱えているのでしょう。それは、欠点だらけの自分を「許せない」ことなのです。

　他人のネガティブは、自分のネガティブであるかもしれない。まずは自らのネガティブを許してしまいましょう。そして、目に見えるところだけではなく、その背景にある憂いや憤りを想い、そこに共感する。共感できなくても排除はしない。少なくとも「許し」を閉ざさないことは、「私たちの幸せ」の条件になるのです。

29

悲しいときは、
大いに泣こう。

悲しみは天気と同じで
コントロールできる
ものじゃない。

この世はコントロールできないことばかり

　2018年に公開され、樹木希林さんも出演した映画『日日是好日』。このタイトルは禅語の一つで、「毎日毎日楽しくてよい日が続く」という意味です。

　しかし、天気一つとってみても、お天道さんは気まぐれです。「毎日晴れ」てはくれません。雨の日もあれば、台風が襲来するときもあります。もちろん、晴れていても猛暑が続いて閉口してしまうこともあります。天気が死活問題に直結するお仕事もあるでしょう。

「好日」なんて書かれると、どうにも、「爽やかで過ごしやすい日」をイメージしてしまいますが、「日日是好日」が意味するところはこれではありません。

　雨の日は雨の日のごとく過ごす。雨が降っているから悪日になるのではなく、雨にもかかわらず晴れを引きずって追いかけてしまうから、悪日になってしまうのです。

　虫たちはどの天気でも、然るべく過ごします。飛べなくても鳴けなくても、よいのです。これが「日日是好日」の本当に意味するところです。

　しかし、人間はなかなか厄介です。運動会が大好きな人は、

前日まで、天候のことがかなり心配になるでしょう。しかし、運動会が大嫌いな人は雨乞いをするかもしれません。雨が降ればラッキー！　しかしその人がもし、遠足が好きならどうでしょう？　そのときは、てるてる坊主に翌日の晴れをお祈りするかもしれません。

　天気をコントロールすることはできません。天気そのものに喜びや悲しみがあるわけではありません。しかし、晴れや雨を願う私たちの心は、天気に一喜一憂します。

　でも、それでいいのです。楽しみにしていたことが中止になるなんて、悲しくないわけありません。悲しみも天気と同じです。コントロールするものではありません。大いに泣きましょう。「雨でも悲しむな！」というポジティブ思考が、不安や苦悩をむしろ大きくしてしまいます。

自分は無力だと知るから頑張れる

　曹洞宗の偉大な僧である良寛は、地震に被災した友人の見舞いの手紙でこんなことを書いています。

　災難に逢う時節には災難に逢うがよく候。死ぬる時節には死ぬがよく候。是はこれ災難をのがるる妙法にて候。

　意味は「災難にあったら、慌てず騒がず災難を受け容れなさい。死ぬときがきたら、慌てず騒がず死を受け容れなさい。これが災難にあわない秘訣です」ですが、なかなかこんなことは書けません。「大変でしょうが頑張ってください」が関の山です。

　しかし、「頑張って」と書くことに躊躇してしまう人もいるはず。「自分なら頑張れない」という気持ちがぬぐい去れないからです。その気持ちのほうが誠実です。自分の「無力」を知ること。未来は思いどおりにはならないことを知ること。これが大事です。「自分は無力だ」とわきまえるからこそ、私たちはそれなりに頑張れるのです。

30

いじめやパワハラを
受けたら、
逃げてしまえばいい。

時に人間関係から離れても
人は豊かに生きられるから。

中学生の私は「村八分」にされた

　破廉恥な言い方になりますが、私は幼い頃、神童と呼ばれていました。文武両道どころではありません。勉強でも音楽でも絵画でも、「負け知らず」。運動でも、水泳や相撲で学校の代表になっていました。

　そんな一種異様なこどもは、同級生からすると異端・邪魔・目の上のコブだったのでしょう。小学校高学年から中学卒業まで、いじめが続きました。

　私への攻撃の基本は殴る蹴るではなく、仲間外れ。技術や体育の授業中、部活動、給食、最たるものは修学旅行中と、あらゆる場面で執行されました。

　いじめが、いじめとして適切かつ明確な形になったのは、中学 1 年の社会の時間でした。どうやら、その授業で「村八分」という暗記必須の用語が登場したらしいのです。ある男子生徒の「あいつ、これから村八分な」のふざけた号令によって、クラスの男たちがこのゲームに参加しました。村八分が発動していることを知らないまま、それまでのようにクラスメイトにパスをするつもりで蹴ったボールは、そのまま無視されましたね。

この時間で、「村八分」という、あまりにも的確な歴史用語が、私を対象にして生々しくも蘇ってしまったことを知りました。

　当時の私にとって、教師がよく言う「仲のよい子たちで」というフレーズほど苦痛を生むものはありませんでした。教師にしたら、生徒たちへの配慮や人気獲得のためだったりするかもしれないのですが、その配慮がまったく逆効果になったのです。遠足も修学旅行も、私にとっては写真にも残したくないイベントになりました。

　こうして、当然か必然か、私は地元が大嫌いになりました。ついでに強迫性障害（潔癖症）になり、地元とは遠い高校へ進学しました。

人間関係だけがすべてじゃない

　いじめ問題はどうすれば解決できるのでしょう？　「いじめはダメ！」という指導もできるでしょうが、私はやりません。「いじめられたら逃げてしまえばいい」。これが私の衷心からのアドバイスです。

　当時の私は、同級生からも教師からも逃げて、自然の生き物たちと親しんでいました。だから、地元に友人などいませ

ん。虫や犬や猫、蛇もその「一人」でした。いじめにそれなりに対処できたのは、私に根性があったからでもなく、教師が救ってくれたわけでもなく、関係を人間から自然の動物たちへと変えられたからなのです。

　今でも人混みが嫌いだし、人間の圧力はとても疲弊させます。潔癖症もあります。それでも、逃げる先はあります。私は神奈川県の三浦で暮らしていますが、海岸や林など、逃げる先がふんだんにあることも、ここを選んだ理由の一つです。

　人間から離れた結果、いじめをしかるべく乗り越えた私からの提案です。いじめの問題を「いじめる人間の矯正」から「いじめられても平気」へと、180度、転回させてしまいませんか？　「人がダメでも自然がある」でいいじゃないですか？

　なぜ、自分を人間関係の中だけにとどめるのでしょう。現代人は、「自分の関係」をすぐさま「人間関係」に結びつけてしまうようですが、人との関係から離れてしまったほうがよい場合もあります。人間関係だけの世界では見落としていた「ありがたさ」に気づかされるかもしれません。

　日本には八百万の神だっています。人間なんて、さまざまな関係の中の一つでしかないのです。

31

「見える世界」から
「触れる世界」へ。

五感を解放して、
感動への感度を上げれば、
世界はもっとおもしろくなる。

ヘレン・ケラーの「心に触れる力」

　もし、いきなり目隠しをされて「さあ歩け！」と命じられたらどうしますか。私なら、不安と緊張で身も心もガチガチにこわばってしまうでしょう。

　私たちは盲目の人や弱視の人と、日々隣り合って暮らしています。もしかしたら、私たちの感覚は彼らに比べて「あって当たり前」で鈍くなっているのかもしれません。

　偉人伝を読んで知った人も多いでしょう。『奇跡の人』という映画にもなりました。その主人公であるヘレン・ケラーは、「三重苦の偉人」という通り名が示すように、視力・聴力を 1 歳の頃に失い、そして 7 歳まで言葉を知らずに育ちました。「見えない・聞こえない・話せない」の三重苦です。

　そんなヘレンが、サリバン先生と出会うことによって三重苦を乗り越え、名門ハーバード大学に入学し、5 ヶ国語を操るスーパーレディになりました。成人したヘレンは、身体障害者のための施設や法の整備、婦人参政権の問題など、数々の社会問題に挑み続けました。

　ヘレン・ケラーといえば、《water》のエピソードを思い

出すのではないでしょうか。彼女の自伝からそのシーンを引用しましょう。

　　先生は、私の片手をとり水の噴水口の下に置いた。冷たい水がほとばしり、手に流れ落ちる。その間に、先生は私のもう片方の手に、最初はゆっくりと、それから素早くw-a-t-e-rと綴りを書いた。私はじっと立ちつくし、その指の動きに全神経を傾けていた。すると突然、まるで忘れていたことをぼんやりと思い出したかのような感覚に襲われた——感激にうち打ち震えた。

　私たちは、水そのものに触れなくても「水」を学ぶことはできます。言葉で「これは水です」と教えられれば、「そうだ」と理解するでしょう。しかし、ヘレンにはそれができません。彼女の学習は、常に「触れる」ことから始まります。
　私たちが「触れる」のは、物だけではありません。「琴線に触れる」は、感動すること。「癇に触れる」は、気に入らない感じがしてイライラすること。「逆鱗に触れる」は、怒りを買ってしまうこと。これらの慣用句が示すように、私たちは心にも触れるのです。サリバン先生の手記によると、視力と聴力を失ったヘレンには、常人をはるかに超えた「心に

触れる」力が備わっていたそうです。

時には「見える世界」から外れてみよう

　ヘレンは決して超能力者ではありません。「心の動きを感じる」といっても、いわゆる読心術ができたのではありません。「できない」の三重苦だったからこそ、感覚を開放し、感覚に素直にならざるを得なかった。だから彼女は、ひそやかでささやかな心の動きを感じ取ることができたのでしょう。

　そのためには、「感動」への感度を高めなければなりません。「感動待ち」の姿勢とはまるで違います。「自ら触れる」から「心を動かされる」。これが感動なのです。

　英語で「私は感動した」は《I was moved.》となります。「心が揺り動かされた」のです。そして、「感動した」には《touched》も使われます。「触れる」から「動かされる」のです。

　私たちの感覚は、自ら世界に触れたがっています。「見える」頼りの惰性の世界から、ちょっとだけ外れてみませんか？目的地へと急がず、あえて立ち止まってみましょう。無意味と思い込んでいることにも、時間を割いてみましょう。きっと、思いもよらない感動が潜んでいることでしょう。

32

「わからない」でいられる
力を持とう。

「わからない」から
世界はおもしろい。
「わからない」から世界は新鮮。
「わからない」から創造が生まれる。

「わからない」でいられるネガティブな力

　サミュエル・ベケットというアイルランド生まれの小説家
は、「世にも不可解な本」を書きました。ベケットは、1969
年にノーベル文学賞を受賞。『モロイ』『マロウンは死ぬ』『名
づけえぬもの』はベケット三部作と呼ばれ、これらが不可解
極まりない作品なのです。

　一般的な小説、つまりテーマがありストーリーがあり、ち
ゃんとエンドする小説を想定して読むと、ベケットの小説は
まったく手に負えません。

　例えば、三部作最後の作品『名づけえぬもの』は、「どこ
なのか、今は？　いつなのか、今は？　誰なのか、今は？」
で始まります。読者は、ほんとうに、どこなのか、いつなの
かわかりません。語り手がどこの誰なのかもわかりません。
この作品の中でベケットは言い切っています。

　　とにかく避けるべきもの、理由はわからないが、避ける
　べきものは、体系的精神というやつだ。

　ベケットは私たちに、「わかる」より「わからない」でい

られる力を取り戻させようとしていたのでしょう。それは、頭での理解を拒むことです。そして、「わからないままでいられる」というネガティブな力こそ人間の証となるのです。

「わからない」から世界は新鮮で創造的

このような態度を「ネガティブ・ケイパビリティ」と呼んだのが、イギリスの薄命の天才詩人ジョン・キーツです。この用語を日本に紹介した帚木蓬生先生は「ネガティブ・ケイパビリティ」を、「不可思議さ、神秘、疑念をそのまま持ち続け、性急な事実や理由を求めないという態度」と説明しました（『ネガティブ・ケイパビリティ』）。

キーツ自身は著書『詩人の手紙』で「ネガティブ・ケイパビリティ」について一度だけ触れています。

特に文学において、偉大な仕事を達成する人間を形成している特質、シェイクスピアがあれほど厖大に所有していた特質、それが何であるかということだ──ぼくは「消極的能力（ネガティヴ・ケイパビリティ）」のことを言っているのだが、つまり人が不確実さとか不可解さとか疑惑の中にあっても、事実や理由を求めていらいらすることが少

しもなくていられる状態のことだ。

これがイギリスの精神科医ウィルフレッド・ビオンによって、キーツの死後、約100年以上ものちに見出されました。

ビオンは精神疾患を抱えていたベケットの精神療法を担当していました。2年弱で治療は終わったようですが、以来ベケットは、精神分析の分野から創造的な刺激を受け、一方のビオンは、ベケットとの精神分析対話をとおして、「わからない」の重要性を発見しました。

治療者は言葉の意味によって患者の語りを理解します。しかし、それだけでは患者が抱える深みがないがしろにされてしまうのです。治療や復帰だけが目的になると、「わからない」は無視され、当座の答えを出し、処方箋を出すことが求められます。すると、患者の闇はますます深くなり、患者自身に牙を向けてきます。

ムダを忌み嫌い、スピードを奉る資本主義社会では、「ポジティブ、ポジティブ」と、なんとやかましいこと。未知でネガティブだからこそ、アクセスできる創造的な世界があるのです。

33

古来からある日本文化の
「揺らぎ」や「あいまいさ」
を大切にしよう。

生きるヒントは、
西洋の価値観では見えない
ところに隠されている。

フランス人が日本庭園に受けた衝撃

あるとき、フランスの友人たちを京都の苔寺に連れていきました。日本に来る人たちの大半は、なにげなく暮らしている日本人よりも日本通。そんな彼らでも、日本庭園は衝撃的だったようです。

「岩がそのまま？」「道が迷路？」。そして、きわめつけは、「コケ⁉」。

彼らの言葉を借りると、「汚い」「整っていない」「意味がわからない」ままになっている。それが奇想天外で不可思議だったのです。

しかし、彼らも強者です。日本文化を尊重したうえで、あえて「汚いまま」「整えず」「無意味に」していることに驚き、感動し、その「意味」を知りたいと願うのです。この衝撃は、自分たちに据えつけられた常識を揺り動かすものだったのでしょう。

海外の思想家たちが日本文化から受けるショックを、的確にテーマ化して分析した格好の名著があります。オギュスタン・ベルクの『空間の日本文化』と、ロラン・バルトの『表徴の帝国』です。

日本文化を象徴する「間」

　ベルクは「間」に注目します。そしてこの「間」なるもの
は、西洋からしたら理解不能で「永遠に踏み込めない秘境」
であるとしながらも、日本人であるこちらが思わず脱帽して
しまう考察をしています。

　　間は自由地帯である。間は主体と他者との交感の場である。

「間」と言われて私たちが思い出すのは、日本家屋の間でし
ょうか。「間取り」に「居間」に「土間」、「茶の間」に「床
の間」と、枚挙に暇がありません。西洋での部屋の呼び方は
どうでしょう？　《living room》《dining room》《kitchen》
《bed room》《bathroom》。部屋の名前がそれぞれの役割に
適応している、限定されていることがわかります。

　居間は、家族が「居住する」場所を意味しますが、必要に
応じて居間で食事をし、寝ることもあるでしょう。状況に応
じて自由に役目が変化します。しかし、living room で食事
をしたり寝たりすることは、「うっかり」はあっても、部屋
の役割としては不適当（禁じられている）です。

　さらに日本家屋では、襖（ふすま）という仕切りも特徴です。西洋では、「壁（仕切り）が動く」ことはまずありません。

「間」では、役も広さも所有者も、あいまいなままになっているのです。このあいまいさに対するバルトのコメントは、なかなか愉快で秀逸です。

　　至る所に自分の肘かけ椅子、自分の寝台をたっぷりもっている西洋人、日常必需品の位置づけの実験者たる西洋人には、胸を焼く欲求不満が起こるはず。

　今やこんな欲求不満が、閉塞した西洋の世界観を打ち壊すための歓迎すべきショックになってきました。

合理的な西洋、あいまいな日本

　食事においても日本文化のあいまいさは際立ちます。『表徴の帝国』から引用しましょう。

　　フォークは食材を突き刺し、ナイフは分断する。暴行し傷つけるのだ。箸は食材と調和する。皿から口へ運ぶ以外に、多くの役割を持つ。そこには圧迫でも暴力でもない力

が存在する。

　言われてみれば「確かに！」ですね。ナイフには「切る」、フォークには「刺す」「運ぶ」という冒しがたい明確な役があります。「明確な意味・役割」によって混乱を断つのが西洋流です。西洋流は、合理的でポジティブな世界観で形成されているのです。

　一方の箸は、切る・運ぶ・刺す（オススメしませんが）・運ぶなど、自由自在に役を変えます。何にでもなれるという揺らぎ、あいまいさによって、変化に応じられます。ネガティブな世界観で形成されているのが日本文化なのです。

　あいまいさは理解を拒むものです。そして、実際に「触れてごらん」「感じてごらん」と誘ってくるのです。あいまいさに飛び込んで初めて、世界は独自の姿を表すでしょう。

第 4 章

意味や目的から
解き放たれよう

34

資本主義脳のままでは
幸せになれない。

幸福も、健康も、人生すらも
数値化される時代だからこそ、
「立ち止まる」勇気を。

そろそろ「資本主義脳」から抜け出しませんか？

「最速・最高・最大」。これは資本主義を象徴するポジティブ・スローガン。このスローガンがとても危険なのです。

　ようやく心療内科の医師や宗教者ら、心ある専門家たちから警告が出始めています。もちろん哲学者たちも、かれこれ80年ほど前から発信しているのですが、本当に必要なところに行き届いていません。まだまだ道半ばです。

　その一人にジャン・ボードリヤールがいます。現代フランスを代表する哲学者です。「無印商品」を立ち上げた堤清二さんは、ボードリヤールの代表作『消費社会の神話と構造』から大きな影響を受けたそうです。この書籍でボードリヤールは、「資本主義脳」の私たちを、全力で戒め諭そうとしています。

　　今日、私たちの周りにはモノの増加によってもたらされた消費と豊かさという余りにも自明な事実が存在しており、人類の生態系に根本的な変化が生じている。すなわち、豊かになった人間たちは、これまでのどの時代にもそうであったように他の人間に取り囲まれているのではなく、モノ

によって取り巻かれている。

　ちょっと立ち止まって、身のまわりをぐるりと見回してみましょう。「人間ではなくモノによって取り巻かれている」ことが確認できます。
「最速・最高・最大」は、まさに私たちをモノ化させていくマジック・スペル、つまり呪いの言葉なのです。このスペルによって、幸福も健康も、人生すら査定され数値化されてしまいます。

一日のどこかに「立ち止まる」時間を

「もっと早く！　もっと先へ！」
　会社でも家庭でも学校でも、これこそ「成功の秘訣」と教わってきました。遅れを取り戻せなければ負け組確定。それでもなお、走り続けるように鞭打たれます。立ち止まることなど、到底許されません。立ち止まれるのは事故を起こしたときだけでしょう。「事故」とは何を指すのか？　あなたの想像どおりでしょう。

　こんな場面を想定してみてください。あなたは大事な仕事

に車で向かう途中。約束の時間が迫っています。そのとき蚊が車内を飛んでいるのに気づいてしまいました。あなたはどうしますか。ここで二つの選択肢が出てきます。

　１．気づかないふりをして運転を続ける
　２．蚊の動きを追いかけて叩き殺す

　実は、第３の選択肢があります。「車を停めて対処する」です。１か２では事故の可能性が大きい。事故なく蚊にも刺されることなく目的地に着くためには、積極的に車を停めることが最善です。

　一日のどこかで積極的に立ち止まる機会を作ってみませんか？　資本主義脳からすると、「立ち止まる」ことは無意味です。しかしいずれ、目にも見えず言葉にもならないところに意味が生まれてくるはずです。

35

苦しみや悲しみ、憂いを
避けたくなるのは
当たり前。

でも、それらがあるから、
人は喜びや感謝、幸せを
感じることができる。

ゲイの男性が迷いの中で手に入れたもの

　以前、フランス人二人から告白されたことがあります。

　こんなことを言うと、いかにもモテそうな艶っぽい発言ですが、私の場合は違います。二人ともゲイでした。恋人になることはできませんでしたが、彼らが帰国するまで交友は続きました。

　ＬＧＢＴＱとは、「レズビアン・ゲイ・バイセクシャル・トランスジェンダー・クィア」という英語の頭文字です。ＬＧＢＴＱ問題は、ずいぶん認知されてきました。しかし相変わらず、「職場に同性愛者や両性愛者がいることに抵抗を感じるか？」という質問には、三分の一が「はい」と答えるそうです。こどもたちの世界で、「オカマっぽい」は見すごせない悪口になるでしょう。

　私の日本人の知人にも、ゲイとレズビアンがいます。「自分がゲイであることを親に話すべきか？」、ゲイのＹさんにとっては、これが最大の迷いだったそうです。

　職場は変えられても、親子という関係を解消することはできません。親のことを思えば思うほど、この迷いから抜け出せなくなります。「話すべき」にも、「話してはダメ」にも、

正しい理由がある。

　果たしてカミングアウトのタイミングは自然にやってきて、この迷いから抜け出せたそうです。

　伝え終えてＹさんは気づきました。迷いの期間に自分は手に入れたものがある、と。それは誠実さと友愛です。Ｙさんは今、同じように迷う仲間たちの支援をしています。

自分をごまかさない生き方を選んだ女性

　男性に続いて、女性のエピソードも一つ。

　レズビアンのＴさんは、親の要求をすべてこなせてしまうこどもだったそうです。もう優等生そのもの。そうなるように教育されていました。

　そんなＴさんの両親は、彼女に「安定」を望みます。例えば、男性と結婚して、こどもを産み育てることを希望するわけです。

　しかし、親の意向に従うことは、「自分をごまかしながら生きる」ことになります。「自分をごまかす」ことは、「自分ではない誰かの人生」になってしまいます。結局Ｔさんも、「自分をごまかさない」生き方を選びました。大きな迷いを突き抜けた今の彼女は、希望をもって、ＬＧＢＴＱ問題に挑

んでいます。

苦難があるから幸せもある

　誠実さとか友愛とか希望とか、そして愛とか。「意味がある＝金になる」の財テクにとっては、これらすべてがナンセンス（nonsense）です。そして、これらを「役立たず」として無視する考えが実利主義です。

　苦しみ、悲しみ、憂いそれ自体には、意味などありません。迷いやピンチそれ自体にも、意味はありません。でも、そんなもの、避け得るものなら避けたいですよね。

　しかし、それらがまったくなくなってしまうと、同時に消え去るものがあります。喜びや感謝です。幸せも消滅してしまうでしょう。苦難があるから幸せもあるのです。ナンセンスだからこそ、「non」の余白に意味が生まれるのです。

36

成功しかない人は
幸せや豊かさを語れない。

苦しみの中にいる
人たちの心が、
少しでも楽になることを祈って。

「ごめんね」と謝ることしかできなかった

　私は大学退学後の数年間、読書三昧でした。哲学に関する書物を読み漁りました。モンテーニュやパスカル、カミュの『ペスト』や『異邦人』、ランボーやマラルメらの詩を愛読。ボードレールの『悪の華』の翻訳にもチャレンジし、「死」「迷い」について考え続けました。

　しばらくして、誘われるままに予備校講師になりました。教育一家の血が騒いだのでしょうかね。血は争えません。

　予備校での数年間は充実した時期でした。「オーシャン」のニックネームをたまわり、立派に成長した元生徒たちが、私の結婚披露宴に駆けつけてくれた思い出もあります。

　最初の1、2年は、命じられるままに数学や英語、物理や化学を教えていたのですが、「一方通行で教える」というスタイルが、私はどうにも退屈だったのでしょう。講師業に慣れてくると、脱線しまくるようになりました。おかげで、人気が上昇。なぜかこどもたちも頑張って、素晴らしい実績をあげてくれました。

　数年後、わがままを言って、小論文講座の担当になりました。過去問を解くような授業はしません。萩原朔太郎や中原

中也の詩を読んで意見を交わしたり、ラ・ロシュフコーの『格言集』から選抜した一言から論文を書いたり。

　受験相談役も任じられていました。生徒たちだけでなく、父母もその対象でした。

　あるとき、私の人生を決定する事件が起こります。

　当時、ある中学3年生の女の子に出会っていました。彼女は優等が具現化したような生徒でした。担任ではなかったのですが、世間話をしたり、相談をもちかけられたり、私を兄のように慕ってくれていました。今でも思い出すのは、遠足先の公園で、ゴーカートに二人で乗ったことです。私の脳裏には、彼女の最後の言葉が刻みつけられています。

「オーシャン、私とも一緒に乗ってくれる？」

　彼女は受験本番が近くなると別の塾にも通うようになり、顔を合わせることがどんどん減っていきました。

　ある日、突然聞かされたのは彼女の自殺の知らせでした。優等生の鏡のような彼女の苦しみと悩みに、私を含めた教師たちは誰も気づけなかったのです。その後数年は、「ごめんね」と後悔の声しかかけられませんでした。彼女は心の中に生きているのです。そして今、彼女は私を鼓舞してくれるようになりました。

導かれるままに困難な道を歩む

　無視できない問題を抱えた結果、私は、またもや安定の道から外れました。哲学を研究するため、大学に入り直したのです。サルトルやボーヴォワールやカミュら、実存主義の思想家たちを専攻し、「不安」「自由」「自己」「不条理」などに取り組みました。「死」についてもより深く考えられるようになりました。

　こうして、私は世間からは変人と呼ばれるようになり、禅僧たちから「風来坊」という呼び名をたまわります。導かれるままに困難な道を歩いている私は、「最短最速最高」を狙うキャリア主義からすると、わけのわからない人間になりそうです。

　しかし、迷いの中にこそ、「幸せ」「豊かさ」「優しさ」「感謝」などが見出されることを、身をもって体験しています。成功しかない人は、これらを語れないでしょう。後悔や挫折があるからこそ、私はこの本が書けるのです。彼女と同じように苦しみの渦中にいる人が、少しでも心が楽になることを願って。

37

ウェルビーイングは
目指すものではない。

「すでにここにある」ことに
気づくだけで、
心も身体も満たされる。

「幸せ」を商売道具にする人たち

「ウェルビーイング」が流行しています。当初は聞きなれない人も多かったでしょうが、「身体的、精神的にも満たされて幸福なこと」として理解されているようです。

　が、ここでちょっと待った！

「満たされている」というポジティブ・メッセージが、はっきり言って気に入りません。

「満たされている」は、なかなか面倒な言葉です。なぜなら、私たち人間には、「満たされない」状態がデフォルトだからです。意識も「満たされている」ではなく、「満たされていない」に向く傾向があります。

　だから、生半可に理解された「ウェルビーイング」は、「あなたは満たされていない。満たすためにうちの商品を買いなさい」という企業の戦略に至極都合がいいのです。

　もし、企業が十分に「ウェルビーイング」を理解し、推奨するのなら、「うちの商品なんか買わなくても、そもそもあなたはウェルビーイングである」と、誠実に伝えなければな

らないはずです。資本主義的には健康も老いも死も、なんでも利益に換算されるため、「ウェルビーイング」もあり方ではなく、儲けの手口へと変貌してしまうのでしょう。

ウェルビーイングは
「目指す」のではなく「気づく」もの

「ウェルビーイング」について考えるとき、哲学的には「存在」が問われていると言えます。

「存在」の哲学者として欠かせないのが、ハイデッガーです。

ハイデッガーの代表作『存在と時間』には、重要な概念「ダーザイン」が登場します。ドイツ語から直訳すると、《da（ここ）》と《sein（いる）》で、「ここにいる」の意味です。

ハイデッガーは断言します。形而上学的視点、つまり目に見えないところから考えてはいけない。人間にとって存在の本質は、世界の中にいる人間にある、と。

広告やメディアで目にするウェルビーイングは、ハイデッガーが批判する「世界や生活から切り離した形而上学的視点」にぴったり当てはまります。メディアが言うそんな幸せは、どこにあるのでしょう？　手が届かないどこかですか？

　私たちにとって「存在」「ウェルビーイング」は、「ここ」にあるのです。儲けの戦略でいろいろ味付けしまくるから、目の前が見えなくなってしまうのです。というか、あえて幻想を追いかけさせるのが、資本主義の常套手段。「ウェルビーイング」を目先に吊るされて走らされるだけです。

「ウェルビーイング」は目指すものではありません。「すでにここにある」ことに気づきさえすれば、ウェルビーイングになっているのですから。

38

生活の中に「間を作る」
ことを心がけよう。

無意味に思える「間」が、
人生を俯瞰すると重要な
役割を果たす。

「無意味」な「間」がもたらすもの

　前章では、日本家屋を参考にしながら、「間」について少し触れました。でも、「間」が及ぶのは、日本家屋だけではありません。

　例えば、「間合い」。剣道では「向かい合った両者の隔たり」を意味しますが、舞踏や音楽にも「間合い」があります。「拍子が変化する間合い」のように使われます。だから「間を取る」ことは、演奏者の大事と言えるでしょう。落語家さんも、間の取り方を鍛えられるそうです。

　そして、音楽や演劇で拍子や調子、つまり時間の「間」が外れてしまうことを「間抜け」と言います。ここから広がり、「バカ」「アホ」などと同義で使われるようになりました。

　文章でも「間」は欠かせません。それが「句読点」です。句読点はそれ自体では何も意味しません。単なる無意味な記号です。しかし、この「間」のない文章を誰が読めるでしょうか？

　　山路を登りながらこう考えた智に働けば角が立つ情に棹させば流される意地を通せば窮屈だとかくに人の世は住み

にくい

　これは夏目漱石の『草枕』の冒頭です。句読点を抜いてみました。読み辛いどころではありませんよね。この無意味な間によって文章の流れとリズムが成り立ちますし、句読点の置きどころによって作者の癖や思想まで現れます。

積極的に「間を作る」ように心がけよう

　そういえば、コロナ禍によってオンライン会議が常態化してきました。当初は、このオンライン会議が「楽」という声が聞かれましたが、今はどうでしょう？　むしろ「疲れる」という声が多くなっています。「間が持てない」からです。

　現場の会議では、ある程度、自由な裁量（視線や意識を外すなど）で「間」が持てたはずなのですが、オンラインでは、どうしても画面に映る顔に意識が奪われてしまいます。そして、誰かの顔の視線が外れていることにすぐ気づいてしまうでしょう。

　つまり、オンライン画面では、間がないまま互いに見張り合っているのです。ただでさえ会議は退屈なのに、そりゃ疲れますよね。

　また、何をするにつけても、「それをすることにどんな意味があるのですか？」と聞き返してくる部下が多くなった、なんて嘆きをちょくちょく聞きます。その質問をする気持ち、わからないではありません。ワンマンで朝令暮改を繰り返す間抜けな上司に対峙するときは、これも必要でしょう。

　しかし、「無意味」という「間」がもたらすものは、近視眼的な視野で捉えられるものではありません。全体を見渡してようやく、意味が実感できるものなのです。それを直観できるのは神仏のみ。芸道や武道の達人は神域に達しているのです。私たち凡人にできることは、積極的に「間を作る」ように心がけることです。

　昨今は、坐禅やヨガがブームになってきました。これらは生活の中での「間」の一つと言えるでしょう。旅やリトリートなどもいいでしょう。その時間に、スマホを持ち込んではいけません。名刺など、最大級に不要です。私にとっては、コメディ漫画を読むことが「間」に相当します。

　みなさんにとっての「間」は何ですか？

39

「お金にならないもの」を
大切にしよう。

それらは、
与えれば与えるほど、
自分の心を豊かにしてくれる。

お金に取り憑かれた人は
「与える」ことができない

「さあ！ 肉を切り取れ！ ただし血を流すな！ 切り取る肉は、きっちり 1 ポンドだ。それ以上でも以下でもあってはならぬ。もし 1 ポンドからわずかでも差が出れば、直ちにその身は死刑！ 財産は没収だ！」

シェイクスピア『ヴェニスの商人』のクライマックスでのセリフです。今まさに、強欲な金貸しシャイロックが、双方合意の契約に則ってアントーニオの身体から 1 ポンドの肉を切り取ろうとしています。しかもこの契約には「心臓に一番近いところから」という残酷な条件があります。しかし法的には「問題なし」とされ、刑が執行される寸前にポーシャが法学者のふりをして登場しました。

　法廷でシャイロックはこんな主張をしていました。

「あなたたちは奴隷を牛馬のように使っている。あなたたちは、『奴隷は私の持ち物』だと答えるでしょう。私も同じです。私が要求する 1 ポンドの肉は、私が買い取ったも

の。私の持ち物なのだ！」

　お金は、売り買いのためにあります。お金自体にはなんの
価値もありません。万年筆のように書くこともなく、絵画や
音楽のように美を伝えることもありません。紙幣など、媒体
としての役目がなくなれば、鼻紙にもならない紙くずです。
「私の持ち物なのだ！」と言い張る人たちは、こんな紙くず
の「奴隷」になっているのです。

　彼らは「買う・持つ・蓄える」ばかりで「与える」ことが
できません。なぜなら「与える」ことは損をすることだから
です。お金に取り憑かれた人にとって、「与える」ことは、
自分の肉を１ポンド切り取るのと同じなのです。

　シャイロックは、アントーニオの身体の「肉」の所有を認
めさせました。お金で肉を買ったのです。しかし彼は、「肉
を切り取る」という行為を想定していませんでした。結果と
して「血を流したら土地も財産も没収」という痛快な逆転が
起こるのです。お金で「流れ出る血」まで買えなかったので
す。

お金に換算できないものを大切にしよう

『ヴェニスの商人』では、「心に音楽を持たない者は、謀反、陰謀、略奪にしか向いていない」なんてセリフもあります。

　音楽もまた、お金に換算できないものでしょう。鳥や虫の調べもお金にはなりません。思い出もそうですね。他にも、たくさんお金にならないものがあるはずです。

　そして、「お金にならないもの」の大切さを知っている人は、「与えられる者」なのです。

「お金にならないもの」は与えても減りません。むしろ与えることで、さらに豊かになれるのです。

40

幸せは未来ではなく、
「今ここ」にある。

今この瞬間を充実させる
行為を増やそう。

行為自体が目的か、将来のための行為か

「目標達成！」

　確かに喜ばしいことですよね。私の場合、喫緊^{きっきん}の目標は「原稿の締め切りに間に合わせる」です。仕事とは別に減量に挑んでいるのですが、この目標達成は先送りされるばかり。

　では幸せは、目標を掲げて「なんとしても達成する！」と力むものでしょうか？

　このモヤモヤを、「万学^{ばんがく}の祖」と言われる偉大な哲学者アリストテレスの考えを借りて、スッキリ払ってみましょう。

　アリストテレスは、「エネルゲイア」と「キーネーシス」というコンセプトを提示しました。前者は「現実活動態的な行為」、後者は「運動的な行為」として説明されますが、二つの違いの要所は「目的」にあります。

　すなわち、「エネルゲイア」は、その目的を自らの内に宿していて、その行為自体が目的になっているもの。「キーネーシス」の目的は自らの外にあり、将来の目的を優先した行為です。

　アリストテレスは『ニコマコス倫理学』で、「快楽は本来、

エネルゲイアに他ならず、それ自身が目的なのである」と説明しています。

幸せは今まさに、ここにしかない

　私たちの日常に照らし合わせると、どうでしょう？

　その大半は、「キーネーシス的な行為」にあることに気づかされるのではないでしょうか？　将来への不安や期待に応じるための今の行為。今それ自体が目的ではなく、目的は常に今の先。貯金も資格取得も就職もキーネーシス的な行為と言えませんか？　確かにこれも必要です。が、『ニコマコス倫理学』に書かれているように、アリストテレスは「エネルゲイア的な行為」を奨励しているのです。

　エネルゲイア的な行為では、「今まさにしているその行為」が充実しているのです。「今まさに充実している」からこそ、不足も不満も生まれようがないのです。

　こんな例はどうでしょう。「自由研究」です。強いられた課題は、たいてい退屈です。だからどんどん後回しになります。でも、もし課題提出としてのプレッシャーがなくなってしまったら、どうでしょうか。それこそ「自由」が発揮されそうです。

　例えば、海に遊びに行って出合った貝殻。なんだか気持ちが惹かれてしまったら、他の貝殻を探し始めた。「楽しかった！」と帰宅したら、あらら、研究のテーマになりそうなものが揃っている。さっそく、集めたものを分類、整理してみました。結果として、課題クリア！

　これが、本来の「自由」研究。初めに達成目標を置いてしまうから、受動的に課せられた苦労になってしまうのです。

　目標達成も素晴らしいことです。しかし幸せは目標からの距離で測ることはできません。幸せは今まさにここにしかないのです。まずは、未来に向けられるその行為のいくらかでも、今の充実に向けてみませんか？

41

夢なんて
別になくていい。

夢を持たされていませんか？
生き急ぐ必要はありません。
今のあなたは、
もう十分幸せなのですから。

世間で言う「夢」は持っていなかった

　私のこどもの頃を思い出してみました。

　先生たちには反抗し、強制されることにも反抗し、嫌いなことはしないこどもでした。「優等生」からほど遠く、人づきあいは苦手というより嫌い。先にもお伝えした通り、同級生から、なかなかひどいいじめを受けていたからです。そのせいで強迫神経症になり、「人混み」が大嫌いになりました。いじめの延長で出生地も嫌いになり、そこから逃げました。

　そんな私の友達はゼロ。あくまで人に限ればゼロですが、私はこどもの頃から「ネガティブ」だった動物たちとはずいぶん親しくなりました。

　大人たちからの「夢は何ですか？」なんてお決まりの質問には、「動物のお医者さん」とか「算数のプロ」なんて言っていたようですが、先生向けに用意しただけです。

　でも、実は誰にも言っていなかった夢がありました。

　それは「縁側で陽に当たりながらお茶を飲むおじいさん」。

　もちろん、このおじいさんが私です。でも、こんなのは夢にはなりませんよね？　「ははは！」と笑ってください。世間的に「いいね！」と言われる夢など、私は持っていなかっ

181

たのです。

50代半ば、「あるまま」で幸せ

「あなたの夢は何ですか？」

　みなさんも一度はこの手の質問を受けたことがあるのではないでしょうか。ポジティブ人間からすると、夢に向かって邁進することがよしとされます。これはまさに、前項で紹介した「キーネーシス」。つまり、将来に向けた行為に他なりません。

　私自身は、この質問にドキッとしてしまいます。

　なぜなら「夢はない」からです。でも「幸せ」です。

　幸せといっても、平穏無事な毎日が続いているわけではありません。不安も苦しみも悩みも「ない」なんてことはありません。

　こどもの私は、「縁側で陽に当たりながらお茶を飲むおじいさん」なんて自分をイメージしていましたが、きっと青壮年期の苦労や不安を予感していたのでしょう。こどもながら、よくぞこんな夢を描いたと喝采したいところです。「陽に当たりながらお茶を飲む」なんて、見事じゃないですか。

　自分がおじいさんになるまでに、さまざまな苦労を乗り越えることをきっと想像したのでしょう。だから、陽射しとお茶をゆっくり味わえると思ったのでしょうね。本当にそんなことまで、私は考えていたのかしら？

　しばしば例に出されますが、山頂から見る景色は、自分の足で登った場合と、ゴンドラなどに乗って着いた場合とでは大違いですよね。

　しかし、哲学を学び、さまざまな悩みに答えた私にとっては、あの頃の自分はやっぱりまだまだこどもだったと痛感します。

　今の私なら、「山頂までの道筋がそのまま幸せだ」と答えるでしょう。登頂しなくてもいいのです。気になることがあったら立ち止まってもいい。岐路を選べないままでもいい。不安を感じて引き返してもいいのです。

　私は今、50代半ば。おじいさん相当になるまでまだ間がありますが、ネガティブなまま、不安も障害も葛藤も失敗も「あるまま」で幸せです。

　ちなみに、夢への途中ですが拙宅に縁側だけは用意しました。夢の実現への一歩でしょうか。

42

コスパもタイパも気にせず、
好奇心のまま
行動してみよう。

素敵な「めぐり合わせ」が生まれ、
仕合わせ（幸せ）を
実感できるはず。

ファインマンさんの好奇心

　最近、「タイパ」という言葉を見聞きします。コスパがコストパフォーマンスに対し、これはタイムパフォーマンスの略。つまり、時間に対する効果のことを指します。近年このコスパやタイパの良し悪しで物事を判断する風潮があります。

　しかし、一見無意味なもの、無駄に見えるものでも、あとになって大きな意味を持つこともあるでしょう。

　私たちが見習うべき一人に、リチャード・ファインマンという物理学者がいます。「ファインマンさん」という愛称で日本でも親しまれています。彼は朝永振一郎、ジュリアン・シュウィンガーとともに、1965 年にノーベル物理学賞を共同受賞しました。

　彼は、多くの人が学者に対してもつ分別臭いイメージからはほど遠く、好奇心とイタズラ心が魅力だったようです。「おしっこは重力によって身体から自然に放出される」のかどうかを検証するために、逆立ちしておしっこをしたという逸話まで残っています。

　また、彼は専門書だけではなく、私たち一般人を楽しませ

てくれる数々の名作も残しています。『ご冗談でしょう、ファインマンさん』が好例です。

　このエッセー集に「ネコの地図」という章があります。物理学を専攻するファインマンさんが、哲学と生物学を専攻する人たちのところ（彼にとっては実績にもならないところ）に行くエピソードが描かれています。

　ファインマンさんはそこで「鼻をつっこんだうえで、どこまでいけるものか、しゃにむにやってみる」のです。

　まさに、これこそ彼の流儀。「深入りするかどうか」「いずれ役に立つのかどうか」を勘定する前に、肌で感じたワクワクに従う。それだけファインマンさんの好奇心が広大で敏感だったのでしょう。そして、それだけ彼には「間」があったのです。

あえて無駄と言われるようなことをする

　成果に直結することしか考えられないポジティブ人間は「間抜け」です。そんな人は、オーダーどおりの成果は出せても、ワンダフルな成果は出せません。

　好奇心のままに行動するなんて、タイパもコスパも悪いかもしれません。でも、あえて無駄と言われるところへ飛び込

んで行ってみませんか。

　それによって、「私という人間」が元気に生きていること
を実感できるはずです。

　幸せとは「仕合わせ」、つまり「めぐり合わせ」です。「め
ぐり合い」を誰かに求めても恵まれません。期待値だけ上げ
て到来を待つのではなく、自分の好奇心に素直になってみま
しょう。感じていることに素直になれば、世界は応えてくれ
ます。必ず「仕合わせ」を実感できるでしょう。

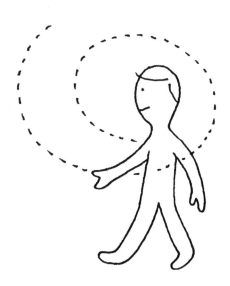

43

「遊び」は、究極の
ネガティブ行為。

こどものように
「遊び」に熱中して、
意味に支配された日常に
風穴を開けよう。

「遊び」の本質を知る

「しっかり遊ぶ。それで仕事で頑張れるし、人生が充足する」
などと言っている、ポジティブ人間は遊び下手です。

　辞書を引くと、「遊び」にはたくさんの悪い意味が載って
います。「暇つぶし」「真剣さがない」「本気じゃない」。「遊
び人」は人物評価として最低レベル。「お金を使いまくって、
酒やバクチにおぼれる人」。

　しかし、悪さをするこの「遊び」は、大人たちに限定され
ます。

　こどもたちの「遊び」を見てみましょう。大人にとって、
遊びは仕事以外の時間になるかもしれませんが、こどもたち
の一日は、遊びで始まり、一日中遊び、そして遊びで終わり
ます。歌ったり踊ったり、追いかけっこをしたり、ブロック
で何かを作ったり。こうしてこどもたちの心身は、健やかに、
たくましく、丈夫になっていきます。

　遊びは西洋哲学においても重要概念の一つです。
　ジャン＝ジャック・ルソーは、「遊び」の教育的側面に注
目し、「こどもたちよ！　大いに遊ぼう」と呼びかけました。

当時すでに、早期教育に毒される親がいたのでしょう。

　ドイツの詩人で劇作家のフリードリヒ・シラーは、「人間は、完全な言葉の意味において人間であるときにのみ遊び、遊んでいるときにのみ完全な人間となる」と述べています。

　何かをする前に、「意味」「目的」「理由」を確認していませんか？　それももちろん大切ですが、それらがないと何もできない人たちは、自分が人間であることを忘れてしまっていることになります。

　オランダの歴史家ヨハン・ホイジンガは主著『ホモ・ルーデンス』で、人間と動物の違いは、「遊び」にあるとしました。

　フランスの社会学者で哲学者のロジェ・カイヨワは、『遊びと人間』で、「遊びとは、自分の行いについての心配から解放された、自由な活動である」と定義し、遊びの条件を分析しています。三つ、重要なものを抜粋しましょう。

　「自由である」。つまり参加も離脱も、決して強制されてはならない。

　「未確定である」。展開や勝敗や結末が決まっていない。

　「非生産的である」。遊びによって財産ができることはない。認められる成果もない。

　つまり遊びとは本来、「ネガティブな行為」と言えそうです。

ポジティブ思考が大人から「遊び」を奪った

　なぜ、現代の大人たちは遊べなくなってしまったのでしょう。それは、遊びにまで意味や目的、すなわちポジティブな要素を持ち込んだからです。確かに、「どんな意味が？」「どんな目的が？」「どんな理由が？」の確認も大切です。特に仕事や勉強では重要です。それによって、すべきことがはっきりし、生産性も効率もスピードもモチベーションも上がるでしょう。

　しかし、遊びには「生産性・効率・スピード・モチベーション」は無用。むしろ邪魔になります。

　意味が充満した日常に風穴を開けてはどうでしょう。意味や目的にではなく、遊びそのものに飛び込み、浸ってみませんか？　少なくともその時間では、外部の評価や生産性など気にも留めないでしょう。こどものように、みんなで一緒に遊びながら、自己充足できる時間になるはずです。

44

人生は無意味でいい。

意味にとらわれず、
成り行きにまかせるから、
人は最後まで
晴々しく生き切れる。

「縁」は人間の計算を超えるもの

「縁」を実感したことはありますか？

　縁は言葉になってはいますが、説明できない言葉です。も
しかしたら翻訳不可能かもしれません。そのような言葉は、
実感するしかありません。
　ご多分にもれず、私もそうです。縁なるものを、しみじみ
感じています。
　四十半ばを超えて大学院で研究を続けていた変人を迎えて
くれたのが妻。「将来の安定の目処は？」なんて一言も聞い
てこなかった義理の父と母。そんな義父は臨済宗寺院の住職。
　そして今や、私の仕事を成り立たせてくれるのが、臨済宗
の和尚たちです。まさに「縁は異なもの味なもの」です。

　どれほど綿密な計算をしたところで、それを超えてしまう
のが縁。測れるものではありません。おのずと成り行くもの
なのです。

人生は無意味でいい

「自分の人生は無意味だったのか？」

　老年に突入し、こんな問いに取り憑かれてしまう人もいるようです。人生の幕引きを前にし、自分の生きた証が消滅してしまうように感じるのでしょう。その煩悶に対し、「あなたの人生はとても意味あるものでした」とお茶を濁すこともできるでしょう。

　でも、無意味でいいじゃないですか。

　前項で登場したロジェ・カイヨワは、石が教え示す美を探求した末に、私たちにこんな訓戒を残しています。

　　人間は、知的で、活動的で、野心にあふれ、巨大なうぬぼれにせき立てられている。人間は自分が行なう最も繊細な探求でさえ、（中略）抵抗し得ない規範を、与えられた区画において延長したものであることに気づいていない。

　人間に計算できる意味、「与えられた区画において延長した」意味など、自然の前では無力です。そんな意味は、しかるべく消滅するのです。むしろ、「抵抗し得ない規範」にま

かせてしまいましょう。

　意味にとらわれず、成り行きにまかせてしまえるからこそ、人間としての底力が発揮され、晴々しく生き切れるというものです。

45

不幸のリスクは常にある。

不幸を受け容れて
乗り越えた先に
「私たちの幸せ」がある。

不幸は本物の幸せを痛感させてくれる

　最後のメッセージになりました。私ごとで恐縮ですが、妻をラストシーンに迎えたいと思います。

　私たち夫婦は結婚後、壮絶な体験をしました。

　まず、妻の仕事の都合で、結婚式の3日後から早くも別居生活が始まりました。そして翌年の春、妻の勤務地が東京に変わりました。ようやく二人で過ごせるようになったと思いきや、私がバイクで事故。右肩甲骨と肋骨と右くるぶしを骨折。他にも、右肘と右膝に裂傷。半年間、右半身不随になりました。そんな私を、妻は仕事をしながら支えてくれました。痛みは2年ほど残りましたが、平常の暮らしができるようになりました。

　しかしその数ヶ月後、今度は妻が子宮外妊娠で入院。緊急手術になったのです。

　手術が無事終わり、退院が見えてきたタイミングで、妻がインフルエンザに罹患。こうして入院は延長されました。

　こんな不運の連続、敬遠されてしかるべきでしょう。なければないに越したことはありません。でも、それによって、「ラブラブ」を通り越したレベルの絆が生まれました。

さらに、どうしても一緒に暮らせない夫婦、パートナーが入院している夫婦、痛みをこらえて妊活に挑んでいる女性たち、それでもこどもが授からない夫婦、不慮のことに流産してしまった母子、そんなネガティブな状況にいる人たちへ、取り繕いではなく、本心から共感できるようになったのです。「ないに越したことがないこと」を望むのは傲慢です。しかし、そのアクシデントを拒絶することは、さらに傲慢です。誰にでも、想定外を踏んばって乗り越える力があるはず。私たち夫婦は、それを、身をもって経験しました。病気や事故は確かに避けたいものですが、それがそのまま不幸になるのではありません。むしろ、本物の幸せを感じさせてくれる「幸運」なのです。

　いつまでもラブラブなんて表面的な願いでしょう。夫婦円満とは、死ぬまでラブラブでいることではありませんし、ラブラブだけでは唯一無二にはなれません。好き嫌いを超越した先に、自分の半身とも言える存在が認められるようになるのです。

ネガティブは「敬って」「遠ざける」のがいい

　「敬遠」の本来の意味は、「敬いつつも近寄らない」です。

『礼記』には、「敬神而遠之（神を敬して之を遠ざくる）」とあります。『論語』雍也篇にも「敬鬼神而遠之（鬼神を敬して之を遠ざくる）」とあります。鬼神は敬う。だからこそ、みだりに近づかない。これが敬遠の心構えです。

しかし、昨今では「敬う」が消滅してしまい、ただひたすら「遠ざける」ようになってしまいました。あまつさえ、遠ざけるだけでなく、無視してしまうようになりました。だから、「わからないことはない」「できないことはない」「何でも手に入る」なんて慢心してしまうのです。

ネガティブなことは請い願うものでも、所持するものでもありません。敬遠しておきましょう。敬遠できる人は、「先行きが不確実で不明瞭だ」と言われたところで、怯えたりしません。不確実で不明瞭は世の理なのです。不幸なことが突然訪れるのは今に始まったことではありません。

例えば、病気や災害のリスクは私たちが常に抱えているものです。大事なのは、むしろそれを受け容れて乗り越えた経験の先に「私たちの幸せ」がある、と認識することなのです。

鬼神は不意に襲来します。でも、それは不幸ではありません。そんなときこそ、本来の「幸せ」を取り戻す契機になるのです。

おわりに

『私はネガティブなまま幸せになることにした。』、いかがでしたでしょうか？

　これまでは、あなたにとってネガティブは邪魔や障害や恥であり、マイナスでしかなかったかもしれません。

　しかし、本書を通してあなたがネガティブに優しくなれ、そして無理なく素直にネガティブと付き合えるようになれたら、筆者としては本望です。

　あなたの人間性を証明するのは、ポジティブではなくネガティブです。そして、ネガティブを受け容れられたら、世界の多様性をおのずと感じられるでしょう。

　本文で何度も触れましたが、すでにＡＩ共存の時代が到来しています。この時代への不安を感じている人も多いでしょう。「仕事はどうなる？」「勉強はどうなる？」「キャリアはどうなる？」「人間はどうなる？」のような恐怖すら感じているかもしれません。

　そして、その不安を感じながら、これまでの安定がまやか

しだったこと、これまで大手を振っていたポジティブ・シンキングは、思考のワナだったことに気づいてしまったかもしれません。

　私たち人間には、本来、ネガティブを受容して咀嚼し、思考と行動へと昇華できる力が備わっています。これまでは生産性や効率という資本主義的な命題によって、その力がないがしろにされてきました。そしてＡＩの登場。データ化された知の蓄積と分析では、ＡＩは人間を圧倒するでしょう。データ化されている限り、ＡＩはどのようなケースにも応じて「正しい答え」を提示することができます。それも即座に。
　一方、人間はどうでしょうか？
　記憶にも限界があります。行動にも寿命にも限界があります。人間には限界がつきものなのです。しかしＡＩが持たないこの「限界」こそ、人間性を証明するのです。幸せもまた、有限の中でのみ語られるものです。もし人間が無限の存在になってしまったら、「幸せ」など問題にすらならないでしょう。

　この「おわりに」を書いているのが 2024 年の 1 月 3 日。私は 2023 年末から「こども禅大学」の活動開始に向けて力を尽くしています。活動を後押しする存在は、私の娘です。

娘は、どんなテキストやどんな名講師にもできない学びを自分にもたらしています。

　この活動は、娘への、そして私を育ててくれたたくさんのこどもたちへの恩返しなのです。この活動によって娘とこどもたちの未来を守っていくのが、私の覚悟です。

「こども禅大学」の対象は、お母さんとこども。三本柱は「失敗」「不安」「偏見」です。このような活動の柱なるものには大抵、ポジティブなものが設定されます。例えば「創造」とか「自由」とか。あるいは「感謝」とか。

　しかし、「こども禅大学」はネガティブを起点にしています。私とメンバーたちはこの活動をとおして、ポジティブ・メッセージに縛られ、目がくらんでしまっているお母さんとこどもを救っていきます。

　与えられた問題に正しく答えるだけなら、ＡＩにまかせてしまえばいいじゃないですか。私たち人間は、選択肢外の選択肢を創出することができます。ＡＩには選択肢外の選択はできません。

　ネガティブを厭（いと）い、ネガティブから逃げようとする限り、ＡＩによってこどもたちは駆逐されてしまうでしょう。しかし幸いにも、私たちはネガティブと切っても切り離すことは

できません。

　私はこれからもずっと伝え続けるでしょう。ネガティブを嫌わずに受け容れましょう。そしてそれを活力へと変えていきましょう。あなたたちには、自ら苦難を乗り切る力が備わっているのです。その力を信じてくださいね。

　本書は一つのチームによって誕生しました。ブックリンケージの中野健彦さん、フリー編集者の堀田孝之さん、そして、三笠書房の鈴木純二編集部長、田中将詳さん、ありがとうございました。

　そして最後に、愛する娘へこの本を捧げます。

　　　　　　　2024 年早春　雨上がりの三浦の拙宅にて

[引用・参考文献一覧]

本書の引用部の多くは、著者(大竹稽)が原著から翻訳したものです。下記に「大竹訳」と記されていない一部作品に限り、訳書から引用させていただきました。

P16
《The Conquest of Happiness》Bertrand Russell 大竹訳
参考:『ラッセル幸福論』バートランド・ラッセル著、安藤貞雄訳、岩波文庫
《Die fröhliche Wissenschaft》Friedrich Nietzsche 大竹訳
参考:『悦ばしき知識』フリードリッヒ・ニーチェ著、信太正三訳、ちくま学芸文庫

P17
《Les Essais》Michel de Montaigne 大竹訳
参考:『エセー』モンテーニュ著、荒木昭太郎訳、中公クラシックス

P23
《Fables》Le Meunier, son Fils et l'Âne, Jean de la Fontaine 大竹訳
参考:『ラ・フォンテーヌ寓話』「粉ひきと息子とロバ」ラ・フォンテーヌ著、市原豊太訳、白水社

P39
『ペスト』アルベール・カミュ著、宮崎嶺雄訳、新潮文庫

P43
『河合隼雄の幸福論』河合隼雄著、PHP研究所

P51
《Escape from Freedom》Erich Fromm 大竹訳
参考:『自由からの逃走』エーリッヒ・フロム著、日高六郎訳、東京創元社

P52
《Haben oder Sein》Erich Fromm 大竹訳
参考:『生きるということ』エーリッヒ・フロム著、佐野哲郎訳、紀伊國屋書店

P55
《Fables》L'Astrologue qui se laisse tomber dans un puits, Jean de la Fontaine 大竹訳
『ラ・フォンテーヌ寓話』「井戸に落ちた星占い」ラ・フォンテーヌ著、市原豊太訳、白水社

P56、61
『日本古典文学全集 29/30 平家物語(1)(2)』市古貞次校注・訳、小学館

P70
『存在と無』ジャン=ポール・サルトル著、松波信三郎訳、ちくま学芸文庫

P77
《Fables》La Grenouille qui veut se faire aussi grosse que le Bœuf, Jean de la Fontaine 大竹訳
『ラ・フォンテーヌ寓話』「牛のようになろうとしたカエル」ラ・フォンテーヌ著、市原豊太訳、白水社

P81
『まんが日本昔ばなし101』「貧乏神と福の神」講談社

P85
『陰翳礼讃』谷崎潤一郎著、中公文庫

P94
《 Aphorismen zur Lebensweisheit 》Arthur Schopenhauer 大竹訳
参考:『幸福について 人生論』ショーペンハウアー著、橋本文夫訳、新潮文庫

P97
《 Propos sur le bonheur 》Alain 大竹訳
参考:『幸福論』アラン著、神谷幹夫訳、岩波文庫

P101
《 The Conquest of Happiness 》Bertrand Russell 大竹訳
参考:『ラッセル幸福論』バートランド・ラッセル著、安藤貞雄訳、岩波文庫

P105
『幸福論』カール・ヒルティ著、草間平作・大和邦太郎訳、岩波文庫

P111
《 Fables 》Le Chêne et le Roseau, Jean de la Fontaine 大竹訳
参考:『ラ・フォンテーヌ寓話』「カシとアシ」ラ・フォンテーヌ著、市原豊太訳、白水社

P115
《 Pensées 》Blaise Pascal 大竹訳
参考:『パンセⅠ』『パンセⅡ』パスカル著、前田陽一・由木康訳、中公クラシックス

P140
《 The Story of My Life 》Helen Keller 大竹訳
参考:『奇跡の人 ヘレン・ケラー自伝』ヘレン・ケラー著、小倉慶郎訳、新潮文庫

P143
『名づけえぬもの』サミュエル・ベケット著、安藤元雄訳、白水社

P144
『ネガティブ・ケイパビリティ』帚木蓬生著、朝日選書

『詩人の手紙』所収「弟たちへの手紙」ジョン・キーツ著、田村英之助訳、冨山房百科文庫

P148
《 Vivre l'espace au Japon 》Augustin Berque 大竹訳
参考:『空間の日本文化』オギュスタン・ベルク著、宮原信訳、ちくま学芸文庫

P149
《 L'Empire des signes 》Roland Barthes 大竹訳
参考:『表徴の帝国』ロラン・バルト著、宗左近訳、ちくま学芸文庫

P153
《 La Société de consommation 》Jean Baudrillard 大竹訳
参考:『消費社会の神話と構造』ジャン・ボードリヤール著、今村仁司・塚原史訳、紀伊國屋書店

P169
『草枕』夏目漱石著、岩波文庫

P173
『ヴェニスの商人』シェイクスピア著、松岡和子訳、ちくま文庫

P177
『ニコマコス倫理学』アリストテレス著、高田三郎訳、岩波文庫

P186
《 Surely You're Joking, Mr. Feynman! 》Richard Feynman 大竹訳
参考:『ご冗談でしょう、ファインマンさん』リチャード・ファインマン著、大貫昌子訳、岩波現代文庫

P190、194
『遊びと人間』ロジェ・カイヨワ著、多田道太郎・塚崎幹夫訳、講談社学術文庫

私はネガティブなまま幸せになることにした。

著　者——大竹　稽（おおたけ・けい）

発行者——押鐘太陽

発行所——株式会社三笠書房

〒102-0072　東京都千代田区飯田橋3-3-1
電話：(03)5226-5734（営業部）
　　：(03)5226-5731（編集部）
https://www.mikasashobo.co.jp

印　刷——誠宏印刷

製　本——若林製本工場

ISBN978-4-8379-2989-5 C0030

三笠書房

心配事の9割は起こらない

減らす、手放す、忘れる「禅の教え」

枡野俊明

心配事の"先取り"をせず、「いま」「ここ」だけに集中する

余計な悩みを抱えないように、他人の価値観に振り回されないように、無駄なものをそぎ落として、限りなくシンプルに生きる――それが、私がこの本で言いたいことです（著者）。禅僧にして、大学教授、庭園デザイナーとしても活躍する著者がやさしく語りかける「人生のコツ」。

小さなことにくよくよしない88の方法

和田秀樹[訳] リチャード・カールソン[著]
フジモトマサル[イラスト]

「いいこと」が1日24時間起こる

世界一簡単なルール！

ストレスを減らし、もっと "元気で楽しい" 自分になれる心の魔法薬。▼「1時間だけ悩んで」あとは忘れる▼「いちばん意見を言われたくない人」のアドバイスこそ妙薬 ▼「理想の自分」の "自己紹介文" をつくる▼自分が貢献できる "小さなこと" を探す ……他

一流の気くばり力

できる人は必ず持っている

安田正

「ちょっとしたこと」が、「圧倒的な差」になっていく！

気くばりは、相手にも自分にも「大きなメリット」を生み出す！ ◆求められている「一歩先」を◆お礼こそ「即・送信」 ◆話した内容を次に活かす ◆言いにくいことの上手な伝え方 ◆「ねぎらいの気持ち」を定期的に示す ……気の利く人は、必ず仕事のできる人！